Todos los libros de Linkgua Ediciones cuentan con modelos de Inteligencia Artificial entrenados por hispanistas. Pregúntale al chat de tu libro lo que desees acerca de la obra o su autor/a.

Para ebooks: Accede a nuestro modelo de IA a través de este enlace.

Para libros impresos: Escanea el código QR de la portada con tu dispositivo móvil.

Obtén análisis detallados de nuestros libros, resúmenes, respuestas a tus preguntas y accede a nuestras ediciones críticas generativas para una experiencia de lectura más enriquecedora.
La transparencia y el respeto hacia la autoría de las fuentes utilizadas son distintivos básicos de nuestro proyecto. Por ello, las respuestas ofrecen, mediante un sistema de citas, las fuentes con las que han sido elaboradas.

Juan Francisco Manzano

Zafira

Barcelona 2024
Linkgua-ediciones.com

Créditos

Título original: Zafira.

e-mail: info@linkgua.com

Diseño de cubierta: Michel Mallard.

ISBN rústica ilustrada: 978-84-9007-053-6.
ISBN tapa dura: 978-84-1126-620-8.
ISBN ebook: 978-84-9897-500-0.

Sumario

Brevísima presentación

La vida

Juan Francisco Manzano (1797-...). Cuba.

En algún día del mes de agosto de 1797 nació, esclavo, el primer hombre de piel negra que leyó en público en Cuba sus propios poemas. Se trataba del soneto «Mis treinta años», leído en la tertulia del intelectual Domingo del Monte en 1836 y publicado un año después. El poeta tenía cuarenta años, quince años atrás había publicado con licencia de sus amos, Cantos a Lesbia en 1821 y luego, en 1830, Flores Pasageras (sic), de los cuales no se conserva ni un solo ejemplar. De aquella lectura y del interés de Del Monte surgió la idea de recaudar los 850 pesos que exigió su dueña, con vistas a comprar la libertad de Manzano.

Este autor singular escribió también esta pieza de teatro que relata un conflicto dinástico ambientado en Mauritania.

Licenciado señor don Ignacio Valdés Machuca

Si al dar a la prensa este conjunto de plan, de ideas y versificación, no la pusiera bajo su inmediata protección, lo creería desnudo de un ornato, que pudiera hacerlas digna de los que tan pródigamente me han dispensado tantos favores, así confiado en que lo acogerá usted con la ternura que le es característica, le dedico este primer ensayo dramático, como prueba del eterno reconocimiento que está grabado en el corazón de su afectísimo.

La escena pasa en Mauritania, hoy Argel: y pertenece al siglo XVI.

Personajes

Zafira, princesa árabe
Selim, príncipe árabe
Barbarroja rey usurpador de Mauritania
Isaac, su hermano
Dalí, príncipe gerife descendiente de Mahoma
Colifa, noble y joven árabe amiga de Zafir
Danmey, lugarteniente de Barbarroja
El Gran Muftí
Noemí, eunuco negro
Un verdugo turco
Resto de compañía

Acto primero. La vuelta de Selim

El teatro représenla el gabinete de Zafira, entrada al frente, reja a la izquierda y puerta a la derecha.

Escena I

Zafira (En traje de luto después de observar por la reja.)

Por fin amaneció y un nuevo día
Viene a unirse a los muchos que mi llanto
Regado deja infortunadamente
Para siempre quizás. ¡Oh! cuántos años
Impulsada de dulces esperanzas,
Palpitando de gozos he juzgado
Al término llegar de mis pesares
Creyéndome felice: ¡pero cuántos,
Al tocar los objetos que me brinda
De la ventura la engañosa mano,
Convirtiéndose todos en pesares
Solo cogí terribles desengaños,
De dolores sin fin! ¡Oh Dios eterno.
Hasta cuando amarguras, hasta cuando!

(Llora.)

Escena II

Dicha y Colifa

Colifa ¿Siempre, Zafira, a tu dolor postrada
Te ha de encontrar el alba suspirando?

Zafira ¡Ah! sí, Colifa, desde aquel momento
En que el exceso de una aleve mano
Me arrebató del mundo cuanto amaba;
¿Qué quedó para mí en el desamparo
De esta vida infeliz, más que amargura
Y justas causas para eterno llanto?
Si bien mi esposo ante la lid sangrienta
Hubiese con la muerte tropezado
Haciendo el generoso sacrificio,
Que prefija el deber a un soberano
Cuando la patria pide que su sangre
Por salvarla derrame en holocausto,
Pudiera suceder me consolara
Superando a la pena mi entusiasmo;
Pero indefenso y de homicida saña
Víctima triste fue y abandonado
Bajo el puñal del asesino un día,
¿Su vida y mis contentos no acabaron
Sin verse el agresor? ¿De cuál delito
Acusarle pudiera el que inhumano
Con la tumba le unió...?

Colifa Sea cual fuese
La causa ya del desastroso caso,
En tu desgracia compasivo el cielo
Se muestra a la verdad: hoy soberano,
De Mauritania, Barbarroja reina
Y entre pomposos vítores y aplausos,
Sube a ocupar el solio en que tu padre
A tu esposo sentó; de allí su mano
Te alarga sin cesar al himeneo
Y esta unión conyugal...

Zafira — Tiene por fallo
Mi total confusión.

Colifa — ¿Qué males luego
Ofuscarán tus días a su lado
Ni menoscabo harán en tu nobleza,
Cuando de siete tronos Africanos
Les rinden la cerviz, que feudos pagan
Y a tus plantas se ven, reinos, vasallos?

Zafira — Pero: toda esa gloria en que otros días
Osaba solazar mi triste estado
Se enlutó para mí. Después de un lustro
Que mi constancia ha visto a toda prueba
Sofocando en mi seno los halagos
Que Barbarroja sin cesar me ofrece,
Cedió mi corazón: ya está mi mano
Al tálamo nupcial comprometida
La palabra de amor sonó en mis labios,
Y a las concavidades de la tierra
El eco que callar pretendo en vano
Descendió a mi pesar... y hasta el sepulcro
De mi infeliz esposo penetrando,
Graves tumultos de terrores nuevos
Por solo consentir, me torna en pago.

Colifa — Tu situación Zafira mal preveo
Que unirse pueda con el breve plazo
En que debe sellarse tu himeneo;
Cesa ya de verter inútil llanto.

Zafira — No: el cielo, la tierra, hasta el abismo
Contra mi infausta suerte conjurados

Por todas partes me persiguen juntos,
Un porvenir funesto presagiando,
Atiende pues... Anoche cuando todos
En sueños sumergidos el palacio
Al profundo silencio abandonaban,
Pude también de mi tenaz cuidado
La carga aligerar... Dormíame apenas,
Cuando vi, que con trágico aparato
De súbito Selim se me presenta
Con ceño aterrador... y los airados
Ojos que en sus órbitas giraban
Con inquieto afanar, eran dos cárdenos
Globos que de su centro parecían
Quererse desprender, ya condensa dos:
Su faz cadavérica, y aún cubierta
De inmundo polvo y sepulcrales rasgos,
Del yerto corazón la acerba herida
El resto de su sangre derramando,
Y este mismo dolor dando a su rostro
Con mortífero efecto y sobresalto
Una expresión horrible y espantosa,
A mí llegó con macilento paso:
¡Oh mujer infeliz y desgraciada,
Fatídica la voz tronó en sus labios,
Y mirando me dijo; si hasta ahora
Inocente tus días han probado
Fidelidad y ejemplo de firmeza,
Que respetar tu castidad mandaron;
Ya tu amor criminal, la paz dichosa
Que en el sepulcro hallé, me ha arrebatado;
Pues si al caer la losa en el que expira
Apaga allí la eternidad el fausto,
Cual de mí terminó toda grandeza

En la nada los límites tocando;
Del malhechor la culpa no perece
Y con sello eternal sella a los malos
Para constante oprobio de sí misino...
Busca en la sombra del sepulcro helado
Un asilo feliz: libra a tu patria
Del perpetuo baldón que lleva al cabo;
Pues si cómplice tú de su destino
Por sobre todo pasas ansiando
Un mejor porvenir, témelo todo:
Teme Zafira en vincular un acto,
Que lleva en su terrible complemento
A más de un nupcio envilecido y falso,
Tu eterna execración: que si ahora gimes,
Ahogarte podrá luego un mar de llanto...
Entonces vi bajo mis pies la tierra
Con terremoto súbito temblando,
En dos partes abrirse y a un abismo
Que luto y esqueletos descarnados
A mi confuso espíritu ofrecía,
Sin poderme valer, siento que caigo:
Y ante un terrible tribunal de muertos
Arrastrada me hallé... y era un osario
Donde rodeada fui de acusadores,
Que como un crimen de mi amor juzgando,
A eterno oprobio condenarme osaban.
Allí aterrada mi inocencia en vano,
Pretendí defender... todos me acusan,
Y al fin ahogada en sus infectos brazos
Iba a exhalar el último suspiro,
Cuando del lecho confundida salto,
Y solo encuentro que amanece un día
Destello misterioso del presagio.

Colifa Nada es un sueño; pero si ha de verse
De fantasmas tu espíritu acosado,
Si al fin hasta el altar han de llevarte
A enlazar con terror tu yerta mano,
Perfecto amor sacrílega fingiendo,
No tal suceda ya.

Zafira ¿Quédame acaso
Algún lícito medio con que pueda
Libre salir de compromiso tanto?

Colifa Aún no sé que decirte; pero el cielo
Que vio estallar contra tu frente el rayo
Del infortunio atroz, al que siguieron
Dos lustros de amarguras y de llanto,
No debe al fin abandonar tu causa...

Zafira Busca en la sombra del sepulcro helado
Un asilo feliz, la visión dijo.
¿Y qué puedo esperar? ¿No es éste el fallo
Con que termina el cielo mis querellas?

Colifa Antes que viere de tu ensueño vano
Ese anatema de terror cumplido,
Yo espero ver que venturoso el hado
Te vuelva si no todo por lo menos
Parte alguna del bien, que en sus estragos
La suerte perdonó... Tienes un hijo...

Zafira Tuve un hijo, decid. ¿Pues no llegaron
Hasta nosotros las sensibles nuevas
De su temprana muerte?

Aquel anciano,
Que le salvó benéfico la vida
Llevándole consigo a clima extraño,
¿No le has visto tornar trayendo solo,
Tristes noticias del dolor aciago?

Colifa

Ese cautivo que fugó del suelo
Donde gimiera sin consuelo esclavo,
Por todo el resto de su escasa vida,
Y osa retroceder aquí sus pasos
Sin temer que de nuevo las cadenas
Vuelvan a unirle a su primer estado,
Casi me prueban que Selim le sigue
Retornando con él al suelo patrio,
Bajo el fingido velo de la muerte
Recurso que bien visto no es extraño
Inspire la desgracia al que proscripto
Se encuentra de su patria.

Zafira

¿En qué fundarlo
Puede tal halagüeño tu deseo,
Para juzgar así contra unos datos?

Colifa

Cuando tal choque el corazón padece
Solo se oyen lamentar los labios,
Y yo su rostro vi con ciertos visos
Más de satisfacción que del estado
Que padecer debiera su alma entonces;
Lejos sus ojos de anegarse en llanto,
Brillaban con la paz de un alma alegre:
Su discurso tranquilo y combinado
Nunca turbado fue con un suspiro
Tan natural allí, como del caso

Que refiriendo estaba ante una madre,
Y mientras iba con el Rey hablando
Parecía querernos con la vista
Otra cosa decir... Éstos son datos...

Zafira — (Con la mayor viveza.)
¿En qué casa se hospeda ese cautivo?

Colifa — Podré saberlo: a todos preguntando
De puerta en puerta pasaré hasta verle
Trayéndote a mi vuelta el desengaño.
Vase por la derecha.

Escena III

Después de un pequeño intervalo recita Zafira los siguientes versos sentada en el sofá en una posición melancólica; se oyen de improviso en el fondo del palacio rumores, y aplausos del populacho; al concluir el último verso entra Isaac seguido de muchos cautivos prisioneros y ricos presentes para Zafira.

Zafira — ¡Desengaños!!! No bastan los que quedan
(Se sienta.) Por las huellas del tiempo revelados...?
(Exaltada.) Mas que rumor...! apenas amanece
(Escucha.) Cuando resuenan vítores y aplausos...?
Vítores de victoria!!! Oh Dios eterno!
¡Dentro y fuera de mí todo es espanto!

(Entra.) Salud Zafira: en la radiosa frente
Del Sol que brilla, resplandece ufano
Gran día para ti. Hoy Mauritania
Ante el Orbe gloriosa señoreando

Ciñe a su nombre la inmortal divisa

Del vencimiento en los gloriosos campos.
Nuestro fin se logró: ya conseguimos
La fiereza de Túnez humillando,
Victoriosos coger sobre sus muros
De la conquista los mejores lauros;
Pues abatida la tenaz soberbia
De tanto pueblo en masa sublevado.
Nada turba la paz que consolida
De Barbarroja el invencible brazo,
Que te extiende a gozar. Esos presentes,
Y los cautivos que a tus plantas traigo,
Son de tu boda las menores preces.
Vestir las galas, y el sufrido llanto
Que amortiguó la faz de tu hermosura
Desaparezca ya como a los rayos
Del Sol la tempestad desaparece.

Zafira (Con amargura.) Dices bien, Isaac, con vuelo raudo
Todo debe cambiar desde este día,
Que el misterioso tiempo sus arcanos
Se digna revelarme: el ancho libro
De los destinos a leer alcanzo,
Y en él mi porvenir prefijo veo
Como sellado de una eterna mano
Que irrevocable, sus decretos cumple,
Volver al Rey mi gratitud y aplauso,

Isaac ¡Ay Zafira...! desgraciada

Zafira ¿Qué misterio o designios en tus labios

A mi pesar descubro...?

Zafira

¡Yo misterios!
Ésa es una ilusión un juicio errado.
¿Qué designios formar ni seguir puede
Una débil mujer, a quien el cambio
De la fortuna su deber prescribe...?

Isaac

Nunca, nunca cumplir deber tan caro
Te permita el autor del universo.
Yo también en el libro de los hados
Leo tu porvenir... mas... un momento.

(Llega el que hace de jefe de los cautivos, habla en secreto, y éstos ponen en la escena los regalos, retíranse. Zafira entretanto representa.)

Zafira (Aparte.)

Cuanto dice, parece haber tocado
Los secretos terribles de mi alma;
O que encuentran sus ojos en mi llanto
El origen fatal que lo produce.

Isaac

Oye Zafira: si cruel o insano
Tu corazón desgarra el sentimiento;
Si en violentas pasiones fluctuando
Vuela a hundirse en el golfo de la muerte,
¿Por qué fingirlo de placer ornado
Si es el lenguaje mismo del sepulcro
En que te van las penas engolfando
Cuanto de ti comprendo? Pero atiende,
Ni un prestigio de amor, ni los encantos
Que en tu belleza los mortales aman,
Jamás, jamás en tu favor me hablaron,

El infortunio, sí, te hace a mi vista
Más que una Hurí de los elíseos campos
Sublime, interesante y siempre digna
De las miradas del mayor humano.
Soy un turco, es verdad, mas no insensible
Como juzgarme debes, que aunque el hado
Me señaló el destino de las armas,
Mi natural en todo contrariando;
Yo detesto el furor de la violencia
Que impone la opresión al desgraciado
Que ante mis ojos indefenso gime,
Y pruebo con su suerte los quebrantos
Que el infeliz en su indigencia apura...

Zafira

¡Mirad que sois de Barbarroja hermano...!

Isaac

No importa... no; naturaleza libre
Al repartir sus dones entre ambos
Si a él hizo severo, a mí sensible.
Un corazón me dio, perpetuo amparo
De la oprimida y mísera criatura.
No desdeñes mi voz, que puede en tanto
Serte bálsamo dulce de consuelo.
Sí: creedme, de víctimas los campos
Donde la lidia fue, sembrados quedan;
Mas ninguno, ninguno de mi brazo
El mortífero golpe ha recibido;
Pues siempre por senderos excusados
Los encuentros salvé, que no es la sangre
De hombres a mi vista nada grato.
Mas si una vez arrebatarme siento
Por entrar de los héroes en el rango
Y a la inmortalidad algunas huellas

Dejar por el valor acrisolando,
En la fama mi nombre a las edades
El fuego de la gloria, el entusiasmo
Que a la guerrera juventud inflaman
Como una débil lumbre los apago,
Cuando un deber de humanidad lo exige.
Nada temas de mí, ni un solo agrado
Te exijo en recompensa del servicio
Por justa causa generoso franco
Que mi anhelo te ofrece en este instante:
Solo te pido sí, que en este brazo
De la paciente humanidad tutela
Fíes tu porvenir; pus yo lo amparo
Contra el poder del universo todo,
Y si preciso fuese que a un hermano
La presa de las garras arrancara
Haciendo vacilar tronos y estados:
Todos temblaran pues ¿qué brinda un solio
Donde no teje la virtud sus lauros?

Zafira

Tu protección, Isaac, ¿qué me promete
Ni que puedo esperar de ese entusiasmo
Tan nuevo para mí?

Isaac

¿Qué? transportarte
De estos lugares, para ti de llanto,
A los cariños del amor paterno
¿No es ésta tu ansiedad?

Zafira

¿Podré negarlo
Cuando tocas al fondo de este pecho?
No mas: si de mis penas apiadado
En ti mi ángel tutelar contemplo

Un secreto terror como presagio
De más tristes y graves consecuencias,
Me hacen estremecer y temo tanto
Tu juventud, tu vida...

Isaac — ¡Ah! cuántos males
A un delincuente soportar es dado,
De gozo me serán si al fin consigo
Darte unos días que te usurpa ingrato
Del destino fatal: vuélvate libre
Yo, a respirar en los paternos brazos.
Sea el más digno autor de tus contentos
Como lo fueron otros de tu llanto
Y muera luego que feliz te vea;
Sobre Mustigia plácida reinando.

Zafira (Aparte.) — Un destino terrible inexorable:
Parece sofocar con férrea mano
Todas mis facultades...

Isaac — ¿Aún temes?

Zafira — ¡Ah! no... mi decisión espera.

Isaac — ¿Y cuándo?

Zafira — Mañana.

(Titubeando; vase.)

Escena IV

Isaac (Solo.)

Es un deber deje Zafira
La dorada prisión de este palacio.
Brille en Mustigia su simpar belleza,
Y salga el rey de los inicuos lazos,
Que en violentas pasiones encadenan
Su ofuscada razón... perdona hermano,
Perdona la traición, que a tus intentos
Fraguando estoy aquí, porque más grato
Me será en tus furores soportarte,
Que obediente a tu voz verme forzado
A ser fiero también: pues ¿cuándo a un crimen
No siguen otros mil a cada paso?

Escena V

Dicho y Selim que entra disfrazado en traje de noble asiático viajero: traerá oculto un pequeño turbante hasta su tiempo: recorre parte de la escena sin reparar en Isaac que estará a un extremo de ella pensativo, cuya atención llamará la voz de Selim al segundo verso en que sale de su enajenamiento siguiéndole con la vista como observándole.

Selim

Ya te vuelvo a pisar morada augusta
Donde mi infancia fue... ya en ti renazco,
Y a tu sombra querrá benigno el cielo,
Que hasta aquí mi existencia ha custodiado,
Aplacar el rigor con que el destino
Colmó de azares mis primeros años.
Todo existe a mi vista cual estaba:

(Isaac le mira.)

Esta entrada recuerdo que a lo largo...
Pero no... ésta más bien... ¡oh si pudiera
Con tanto acierto dirigir mis pasos!

Isaac ¿Adonde: a quién buscáis?

Selim (Llegándose a él le mira con ojos centellantes poniendo la mano sobre el puñal.)

Selim ¿Sois por ventura
Vos de Mauritania el Soberano...?

Isaac No: pero ¿qué queréis?

Selim (Mudando de aspecto y con enfado.)
Hablarle a solas,
Sagrada obligación aquí me trajo.

Isaac ¿Y de dónde venís?

Selim Vengo... del mundo:
De ese mundo tan triste a los que hallaron,
Sobre su cuna al despertar en ella,
Con negros signos los funestos fallos
De gemido y dolor por cuantos miran :
En derredor de sí. ¿El santuario
Del regio trono que a la Arabia rige
No es el que piso, y que demuestra ufano
El colosal poder de Barbarroja?
¿No es Barbarroja vuestro Rey por grado?

Isaac Sí: es.

Selim

¡Y por qué extrañarme que le busque;
Cuando en sed de justicia está abrasado
Mi infeliz corazón...?

Isaac

Porque ese porte,
Esa mirada atroz, ese lejano
Clima, donde parecen confundidos
Huir impasibles vuestros verdes años:
Son testigos terribles que os condenan
En tanta juventud peregrinando.

Selim

Sí: despatriado, insólito, gimiente
La juventud y el mundo me enseñaron
El hombre a conocer, a un hombre digo,
Que con mano de acero, mis tiranos
Tormentos aglomera; y otros muchos
Que a la vida vinieron para escarnio
Del tiempo y la fortuna, en su indigencia,
De mi vagante vida son retratos.
Mas alentar un corazón paciente
De punzantes dolores traspasado;
Quejarse del destino rencoroso
En cruel desolación, gemir ansiando
La carga sacudir de los pesares
Entre profunda soledad llorados,
Es en la tierra la misión sagrada
Que traigo, bajo un signo ensangrentado,
Con mi infortunio que arrastrar me manda
Sobre escombros de penas y de llanto.
Soy extranjero, sí; pero mis cuitas
Aquí su negro origen principiaron;
Y aquí, por fin, me colmarán de alivio

Mi oculto padecer a luz sacando.
Sabed: que mi linaje es hoy tan limpio
Como un rayo del Sol, como el Sol claro
Que en su brillante centro contenido
Llena la inmensidad. Si estos andrajos
Tan mal con mi lenguaje se acomodan,
Nunca perverso fui, solo a un malvado
Que hirió en mi vida lo mejor del alma
Busco en negro afanar; pero intertanto
Nada hay ya de común entre nosotros:
Quedaos.

(Da algunos pasos y se detiene.)

Isaac (Aparte.) Esperad. Todo en sus labios
Oculta con lo oscuro del lenguaje
Una infausta verdad...!
Ah!... no, alejaos
(Representa.) De este sitio... parece... sí: un instante...
(Aparte.) Esperadme un instante... no me engaño...
Sus facciones... ya el hijo de Zafira
Debe ser de esta edad considerado.

(Vase por donde Zafira.)

Escena VI

Selim a su tiempo saca el turbante que pone en el sofá o en otro punto visible a cuya sazón entra Noemí con un cesto de flores; lo observa sin hablarle hasta que va a partir.

Selim ¡Por qué esperarle!... no: mi justa causa
Debo seguir con trámites más tardos,

(Saca el turbante.)

Hasta encontrar el suspirado instante.
Y tú de mi deber tremendo rayo,
Fatal recuerdo de mi triste infancia
Por la inocencia y por amor guardado
Que hora me arrastra con funesta saña
De mi destino al furibundo caos,
Quédate en mi lugar a ser principio
De esta infausta misión, sepa el tirano,
Que aún vivo y le aborrezco.

(Va a partir y se detiene a la voz de Noemí.)

Noemí

Le conozco
Oíd señor.

Selim

¿Qué quieres?

Noemí

Libertaros.
Los guardas de la puerta que allá quedan
Os vieron cuando entrasteis en palacio
Y os esperan allí, sin duda alguna
Vais a ser sorprendido e interrogado.
Yo os conozco, a fe mía: van dos lustros
Que de una noche en el espeso manto,
Os salvaron de aquí, y aquel turbante
En vuestra joven frente colocado...

Selim

Callad.

Noemí

Pues habéis visto en mí una prueba
Y que otro puede como yo notaros,
Esta llave tomad, y hacia esta parte
Siguiendo por el pie de este rejado

Una puerta hallaréis, abridla e idos.

Selim (Sacando un bolsillo.)
Tomad ese bolsillo.

Noemí No: guardadlo,
Para comprar aquellos que se venden
Al infame interés.

Selim ¿No eres esclavo?

Noemí Soy superior en todo a la fortuna,
Mas tesoro no quiero, yo la canto
Según la encuentro, próspera, o adversa
Y así de sus caprichos nada extraño.

Selim (Conmovido.) Hombre feliz ¿quién eres?

Noemí Yo... un árabe
A quien negó la suerte vuestro rango.
Pero no una alma ardiente y compasiva.

Selim (Le abraza.) Ah! pueda por lo menos en mis brazos
Encarecer tan generoso pecho.
¿Cómo te llamas?

Noemí Noemí: encargado
De velar noche y día el mausoleo
Que a vuestro justo padre consagraron
El deber y el amor, sobre el cual nacen
Estas míseras flores que aquí traigo.
Donde Zafira, en sempiterno lloro

Considera encontrar algún escaso
Resto de sus espíritus vitales
Reproducidos en los verdes tallos
Cuyas raíces con sus huesos tocan.

Selim

Ora sí, que es verdad, se hace sagrado
Tu nombre a todo el resto de mi vida;
Pero debo partir, quieran los hados
Proteger mi misión, mas sobre todo
El secreto guardad, sí, reservadlo,
Que es de grande importancia de ninguno
Ser conocido y menos en palacio,
Ni aun de mi madre misma si llegase
Por suerte a conocerme... siento pasos.
Adiós y Alá te guarde.

Noemí

Seguid siempre
La voz de mi instrumento, hasta alejaros,
No sea que os perdáis por otra senda.

(Vase Selim por la puerta del frente.)

Escena VII

Noemí coloca el cesto de flores junto al turbante, descuelga el laúd que trae a la espalda, lo apoya en la reja y preludia: Sale Isaac seguido de Zafira a cuya voz con sorpresa se vuelve Noemí que está de espalda, cesa su preludio y pone el laúd donde lo traía.

Isaac

Vedle.

Zafira

Dónde.

Isaac ¡Oh! sin duda que el engañado
Mal mi buena intención ha conocido;
Pero creedme: en sus facciones hallo
Junto a las tuyas semejanza tanta
Que sin rubor jurara...

Zafira (Con prontitud a Noemí.)
¿Has encontrado
En este sitio un joven extranjero?

Noemí Sí, le encontré y partió.

Zafira ¡Partió! y en tanto
Que contigo se hallaba, nada dijo?

Noemí Que partía y...

Zafira ¡Qué? hablad...! díjote algo
Por piedad ¿qué te ha dicho?...

Noemí Aquellas flores,
Con más fuerzas que yo pueden probaros.

Zafira e Isaac Las flores!!!

Zafira (A Noemí.) ¡Un turbante! justo cielo!!
¿Quién lo condujo?

Noemí (Con una insinuación.)
Él.

Zafira ¡Ay!

(Toma el turbante, lo mira, reconoce y da un grito de sorpresa.)

Isaac ¡Fatal presagio!

Zafira Isaac el incógnito... el incógnito
(Exaltada.) Ese noble extranjero, sí, buscadlo
Y llegadle hasta a mí... me pertenece,
Debo verle, abrazarle, eres humano
Y no quebrantarás las santas leyes
De la hospitalidad.

Isaac Sí: voy sus pasos
A seguir en tu obsequio, y quiera el cielo
Que empezar su ventura esté en mis manos.

(Parte Isaac por el frente y Zafira por la derecha llevándose el turbante.)

Acto segundo. El reconocimiento

Continúa la misma decoración y sale Zafira por donde partió.

Escena I

Zafira

Nada en mis dudas aclarar consigo,
Y Colifa aún no vuelve, el tiempo vuela,
Barbarroja triunfante de los pueblos
Que osaron levantarse, ya se acerca,
Y la sangre a correr torna de nuevo
Para brindarme como fruto de ella
La elevación a un trono... ¡Oh! nunca, nunca
Sus gradas pisaré: la tumba encierra
Más sublime expresión para mi alma.

Escena II

Dicha y Dalí con júbilo y reserva.

Dalí

Participa conmigo alegres nuevas.

Zafira (Con tristeza.)

¡Las habrá para mí!

Dalí

(Déjase ver Selim al frente como oyendo.)
Selim tu hijo.
A quien la suerte próspera sustenta...

Zafira

(Interrumpiéndole.)
¿Ha vuelto a Mauritania, tú le has visto?

¿Quién le aleja de mí, dónde se hospeda?
¿Dudará de mi amor?

Dalí

No: te equivocas,
Pluguiera al justo cielo que tan cerca
De nosotros se hallase; pero pronto
Le veremos aquí. La vez aquella
Que cual sombra salida del averno,
Con faz adusta de pavor cubierta
Un mensajero oscuro y misterioso
Aquí vino a dejar la triste nueva
De su temprana muerte, que gemimos,
Y con felicidad cumplió su empresa
Hablando de tal modo que el monarca
Nada temiese ya de su existencia,
Fue solo de tu hijo un emisario
Que descubrir tu situación debiera.

Zafira

Con que vive, gran Dios!!!

Dalí

Sí, vive, vive;
Y fulminante cual veloz centella
Vuela a nosotros del deber llamado,
Resplandeciente y grande a la manera
Que el astro precursor de la mañana
Por el espacio fúlgido se eleva
Trayendo en pos el luminar del día;
Y al empezar su espléndida carrera
Disípanse las sombras nocturnales
Que hurtan la luz a la dormida tierra
Así, en mi gozo, le contempla el alma
Y de entusiasmo el corazón me llena.

Zafira ¿Quién dio noticia tal...?

Dalí No dudes nada
Ese extranjero que a anunciarle llega
Depositando en mí todo el secreto,
Esta carta me dio, he aquí su letra.

(Saca una carta que va abrir; pero sale Selim y lo contiene reprendiéndole: Zafira lo mira con interés queriendo conocerle.)

Escena III

Dichos y Selim

Selim Dalí!!!

(Le hace doblar la caria: le habla en secreto mientras Zafira representa.)

Zafira ¡Oh!!! ¿es él... acaso será un sueño
Como mil que brillaron en mi idea
Para volar después con mi esperanza?

Dalí Es un error, miradla, nada temas:
Ésta es su madre, su infelice madre,
En cuyos ojos de correr no cesa
El llanto consagrado a su memoria:
Habladla, pues.

Selim (Turbado.) ¡Qué confusión!... no puedo.

Zafira ¡Oh divina bondad, que voz secreta
Llama en mi corazón! Dime extranjero

¿Conocéis a Selim?

Selim Y muy de cerca.

Zafira ¡Ah cuánta semejanza! ¿Y vuestro nombre?

Selim Es secreto.

(Procurando ocultar su turbación.)

Zafira Secreto!...

(Se llega a Dalí y hablan entre sí.)

Selim ¡Cuánto aqueja

(Aparte con voz reprimida sentimental.)

Este disfraz a mi sensible pecho!
Nunca probé la poderosa fuerza
Del afecto filial, que en mí se inflama
Con tan vehemente ardor ¡Ah! si pudiera
Arrojarme en sus brazos y decirla:
Madre del corazón, madre adorada,
Y embriagado de gozo en sus ternezas
Sentirme renacer, mas no hay remedio
El secreto, es el alma de mi empresa.

Zafira
(Llegándose a Selim.) Mas decidme, extranjero. ¿Qué noticias
Me dais de vuestros padres? sí, dispensa
Este favor a una exaltada madre,

Y en la dulce ilusión que me enajena
Dejadme solazar por un momento.

Selim — Tengo de Árabes noble descendencia
Y a mis padres conozco ¡desgraciados!
(Aparte.) ¡Cuántos desastres la fortuna adversa
Deparó contra ellos...!

Zafira — No mas vuelva
En vuestros labios a esconderse el habla.

Selim — Puesto que le queréis, oíd mis penas,
Bella madre del joven peregrino.
Nací en la Arabia, sin nombrar la tierra
Do abrí los ojos a la luz del mundo,
Os daré de mi vida alguna seña;
Mas tan oscura que el sensible punto
De mi fatalidad, nunca se vea;
Yo vi, en mal hora, amanecer un día
Que en vano para siempre anocheciera,
Ni tan lejos de mí llevóle el tiempo,
Cuando mi corazón que se alimenta
Con su infausta memoria, en todas partes
Como un fantasma aterrador lo encuentra.
Lo encuentra y gimo, porque en él mi padre
Al fallo sucumbió de muerte fiera
Por homicida mano ejecutada.
Entonces ¡ay! la misteriosa estrella
Que el fatalismo sugirió a mi cuna,
Y un destino colmado de fiereza
Me arrancan de los brazos de mi madre
Burlando su dolor y mi inocencia;
Pues por pura piedad un fiel esclavo,

Donde la compasión noble y sincera
Halló el más digno y generoso culto.
Vamos me dijo: que tu muerte es hecha
Si el luminar del día aquí te hallara.
Entonces, de la noche en las tinieblas
Y al amparo de sombras tenebrosas
Me arrebató del lecho en que durmiera
Con parte de mi estirpe sepultada,
Con parte de mi estirpe en las cadenas.
Quince lunas corrí, peregrinando
El pan y el agua en la mayor miseria.
Tributando continuos homenajes
A los que un tiempo mis vasallos fueran:
Faltóme el distintivo de fortuna,
Rodé de su alta gloria en indigencia
A la nada de un mísero vagante
Que con incierto pie su vida lleva
De la amargura el cáliz apurando,
De baldón, en baldón, de mengua, en mengua,
Así corrí gran tiempo abandonado
Al más duro dolor y penitencia,
Coronado de negros huracanes,
Cuya indómita furia en sus soberbias
Lluvias de rayos derramando el suelo,
Parecía querer en mi cabeza
Todo el furor saciar de un Dios terrible;
Cuando indignado contra el hombre truena.
Diez veces a mis plantas vi la muerte,
Pareciéndome oír por donde quiera
El dolorido acento dé una madre
Que atormentada por mi vida incierta
Arrasados en lágrimas sus ojos

Al cielo enderezaba sus querellas;
Y por mí preguntaba, mas en tanto
Sus quejidos me siguen, sus dolencias
Parten mi corazón, y un amor tierno
Con dardos punzadores me penetra.

Zafira
(Enajenada.) No más, no más que el alma en su elemento
Los nudos rompe ya que la encadenan
A tan feliz momento... sí... sí... tú eres...
Tú eres mi hijo, el que la más tremenda
Fortuna me arrancó en aciaga noche;
Pero ya qué poder habrá en la tierra
Que me aparte de ti...

(Corre a abrazarlo. Selim la detiene.)

Selim ¡Ah! deteneos
Sí: deteneos, por piedad, no sea
Que en tan feliz transporte... ved primero
Que aún no me conocéis, tanta vehemencia
Cual fallo funestísimo no echara
Sobre mi triste vida.

Dalí (Aparte.) ¡Oh si tal fuera!

Zafira
(Desconsolada.) ¡Desventurada madre!

Selim (Bajo.) ¡Hijo infelice!
Su triste llanto si enjugar pudieras.

Zafira Mi corazón no miente, tú te engañas.

(Al verle conmovido.)

Selim — No más me acongojéis. El crimen reina

(Tierno cuando habla a Zafira.)

Y hasta verle caer negarme debo.

(Grave cuando reflexiona.)

Zafira — ¡Oh ilusión venturosa y halagüeña
Que exigiste de mí! ¿Dónde arrastrada
Me dejé conducir en la violencia
Que el excesivo amor en mí produjo?
Mirad... no... ¿quién convencerme intenta?

(Torna a Selim para dirigirle la palabra convencida de su error; pero vuelve a tomar la expresión exasperada con todas las pruebas de que es lo que ella juzga.)

Que es un error, lo que palpando estoy,
Si cada movimiento es una prueba!
Tú eres el hijo de Selim Eutemi,
Tu padre aquí murió, su vida envuelta
Por homicida mano en esta corte
Víctima fue de la traición más negra,
Y tu madre soy yo...

Selim
(Aparte.) — Ay que tormentos
En mi agitada mente se renuevan
Para más padecer!!! Oh noble anciano.

(A Dalí.) Esta madre delira, huyamos de ella
Que nuestra posición en semejanza
Bajo un punto de vista nos estrecha
Y el secreto en mis labios ya peligra.

Escena IV

Dichos y Colifa que entra antes de haber concluido Selim. Zafira le dirige la palabra. Selim y Dalí dan algunos pasos, y se detienen.

Zafira Le ves: ¿en sus facciones no recuerdas...?

Colifa Algo percibo en él; pero se dice
Ser cristiano ese joven y se espera
Ocasión oportuna de aprehenderlo
Con sus cómplices todos, por cabeza
De una gran rebelión, Isaac le espía,
Y cauteloso sus acciones vela,
Temiendo, con razón que Carlos quinto
O tu padre quizá... vámonos fuera,
Y en el jardín a solas pensaremos.

(Parten.)

Escena V

Selim y Dalí

Selim ¡Oíste?

Dalí Y que importa? La nobleza
Que forma el vasto reino Mauritanio,
¿El pronto arribo de Selim no espera

A pesar de Isaac? Cuide en buen hora
La suerte que usurpó con mano fiera
Su despiadado hermano, ya sabemos
Hasta que punto la bondad suprema
Del cielo nuestra causa favorece;
Pues viviendo Selim...

Selim

Dalí prudencia:
Que no es llegado el tiempo en que podamos
Tal nombre pronunciar: las voces vuelan,
Y pudieran también estas paredes
Tus ecos repetir.

Dalí

Si habita en ellas
Oculto un genio que invisible escucha
Los secretos del hombre, y los revela,
Dicte mi acusación, yo no la temo,
Si amparo a la virtud mi causa es buena;
Ayer lo prometí, y hoy lo sostengo.
Jamás Zafira enlazará su diestra
Con ese oscuro ente, a quien fortuna
Del lodo levantó y al trono eleva,
Para escándalo vil del universo.
¿Y yo tranquilo en lágrimas deshecha
Jurando habré de verla un himeneo,
Que siempre firme y con horror detesta...?
Ni abandonada su ternura siendo
Víctima de pasiones tan violentas
Mi cólera y furor excederían
De Barbarroja a la ambición funesta;
Pues ni los años minorar pudieron
Mi ardiente corazón, que cual se expresa

Latir le siento en la mitad del alma.
Sí, amigo: la estrecha dependencia
Que un amor patrio constituye al hombre,
Mis sentimientos de pesar fomentan,
Y ¡ay! del día en que la suerte dura
Poner quisiere mi constancia a prueba!

Selim

Dadme esa mano... ¿me conoces? sientes
Como hierve la sangre por mis venas...?
¿No te electriza el convulsivo impulso
De esta llama voraz, que en vano intenta
Apagar el rigor de mi fortuna
Bajo el duro poder con que me impera...?
Pues obra es del destino este impasible
Rencor, que en sorda furia se alimenta,
Con la horrible ansiedad, devoradora
Que me consume en flor... y esta secreta
Causa, terrible, que por todas partes
Conmigo llevo, y sin cesar me aqueja
Este anhelar sin fin, ni calma alguna,
Esta vida de horror y rabia llena,
Son ascuas de un volcán inextinguible
Que aquí inflamado el corazón me quema...
Acabemos Dalí... no más secretos.
¿No buscas confundido en mil cautelas
Al hijo de Zafira, contrastando
Todo el rigor que su enemiga estrella
Le condenó a sufrir? Pues bien amigo
Hete aquí a Selim... he aquí la herencia,
Única y triste que quedó a mi madre
De su amor infeliz.

Dalí

¡Bondad suprema!

¡Dios de los buenos! cuya excelsa mente
El vasto imperio de los orbes llena
¡Salve a tu inmensidad! pues que nos
vuelves
De nuestra gloria la mejor enseña:
Y ahora objeto de mis justas ansias,
Dad a este anciano que a tus plantas
pueda...

Selim
(Le abraza.)

¿A mis plantas? jamás: en estos brazos
Amor te brinda la amistad más tierna
Del que gimiendo en orfandad sensible
En ti ya un padre y protector encuentra
Mas he rasgado el misterioso velo
Que encubría a tus ojos mi existencia,
Ya que nada más queda entre nosotros,
Que el santo nudo de amistad suprema,
Dejadme lamentar que al fin soy hombre,
Y en este sitio por la vez primera
Quiero... quiero llorar, y corra el llanto
Por mi cuna infeliz. ¡Oh si yo hubiera
En la infancia acabado el primer día
Con que la suerte me engolfó cruenta
En ese mundo de amargura lleno!
Nunca mi alma la impiedad funesta
Probara de las bárbaras pasiones,
Que traban en mi pecho lid horrenda,
Cuando solo un mortal respira esclavo
Del terrible rencor que le condena,
Cuando vive cual yo por la venganza,
¿No es el más infelice de la tierra?

Dalí

Príncipe generoso a quien admiro,

¿Qué prestigios advierto de flaqueza
En ese corazón que ahora mismo
Del impetuoso rayo imagen era?
Los tristes días y penadas noches
De peregrinación por patria ajena,
¿En súbito desmayo se os olvidan?

Selim Todo calma en el hombre, cuando piensa.
De esta gloria fugaz, el pasajero
Período que a la tumba nos acerca.

Dalí ¿Y podéis olvidar de vuestro padre
A el asesino que insolente huella
Sus cenizas, impune respirando...?

Selim ¡A mi padre, jamás... tu voz renueva
La cólera en mi pecho, que abrasado
Semejante a un infierno hirviendo queda.
Si he podido, cual viste, desviarme
De los altos deberes que me empeñan,
Viendo la flor de mis primeros años
Condenados a horrores y crudezas,
Siento también que en lo interior me incitó
Todo el ardor que fervoroso aliento
Al que gloria y venganza a un tiempo busca.

Dalí Esperad un momento, hacia aquí llega

(Va hacia la puerta del frente mira, torna y sigue.)

Señor el Gran Muflí, grave ser debe
El objeto que trae: mas no os vea
Por conveniente tengo, no lo extrañe,

Y a una convicción nos comprometa
Retiraos allí.

Selim (Bajo.) Podré enterarme
(Se oculta.) De todo, sin ser visto.

Escena VI

Dichos y el Gran Muftí

Muftí Dalí: fuerza
Es alzar a Zafira al regio trono,
Solo su mano salvará la tierra
Del mar de sangre que inundarla puede
La desgracia mayor se nos presenta,
Cual hidrópica nube tempestuosa
Que apiña el huracán, y solo espera
Con la expresión del rayo desplegarse
Para abortar terrible el mal que encierra.

Dalí Y bien.

Muftí Isouf, oráculo infalible,
Esta próxima suerte nos revela,
Y el nupcio breve de Zafira exige
Para evitar catástrofes tremendas.

Dalí ¿Y ese oscuro agorero, que en la Frigia
Nació llevando a Egipto las cadenas
De torva esclavitud, que en ella aprende
De sortilegios mil artes perversas,
Ese Isouf que despreciado vive
En lo embreñado de la oculta selva,

Solo del necio vulgo conocido,
Es quien decide y a su voz sujeta
La suerte de este reino y de Zafira?...
Proseguid proseguid.

Muftí

Su excelsa ciencia,
Combinando Isouf, a nuestra vista
Alzó la frente y de la ardiente esfera
Sintió la inspiración del ser que oculto
Las futuras edades le revela.
Yo, le miraba atento, y esperaba
Del profundo pensar la noble prueba,
Cuando alzando su vara misteriosa
Mostró del cielo las terribles señas,
Y en roja sombra Mauritania toda
Cubrirse he visto; y la deidad suprema
Parecía a los férvidos deseos
Del vaticinio dar sin más reserva
De su revelación todo el asunto
Diciéndonos en fin: mano sangrienta
Caerá sobre vosotros este día,
Si pertinaz Zafira no sujeta
Su voluntad al invencible hado
Que a ser de nuevo esposa la condena.

Dalí

Ministro del altar, quien a Dios sirve,
De su virtud los títulos respeta:
La verdad es el lema de sus obras
Y no el error con que la turba necia
Sucumbe a la ignorancia: si indignado
El justo cielo contra mí se alienta,
No encuentro causa; pero si hay alguna
En mí solo descargue sin clemencia

De su justicia la ejemplar cuchilla.
¡Ay! si del cielo penetrar pudieras
Al alto tribunal donde no alcanza
La mentira a mover su falsa lengua,
Hoy de vuestros deberes convencido
No a tal complicidad crédito dieras.

Muftí ¡Complicidad!

Dalí Terrible, sí: terrible,
Y en todo su rigor la más funesta
¡De un oráculo habláis! todo él es falso,
Tamaña extravagancia no es suprema,
Motivos hay que por absurdo y vano
Su acción destruye, y su saber condena.

Muftí ¡Tanto fuego Dalí! ¿Qué te estimula?

Dalí Amor a la verdad y a la inocencia.
En el local que veis de esta morada
Jura Selim que estampará sus huellas,
Vertiendo sangre y castigando un crimen.

Muftí Mira ya del oráculo una prueba,
Hombre tenaz... Del hijo de Zafira,
¿Dónde no se descubren las ideas,
Quién no penetrará sus pensamientos?
¿Quién de su madre evitará las quejas,
Si le torna a abrazar? Y en este caso
¿Cómo aplacar la tragicunda diestra
Del vengador oculto de su padre?

Dalí Justa razón vuestro temor encierra,

Y convendréis conmigo que ese enlace...

Muftí
(Con cólera
reprimida.)

Aplacará las furias que alimentan
Soberbios padres, de tan ciegas hijas.

Dalí

Está bien, prosperad; pues nada cuesta
De los cielos intérpretes nombrarse,
Cuando el soborno, el miedo, o la violencia
Autorizan sus vanas predicciones;
Mas ved que Dios, sobre los hombres vela
Por muy que oculto sus intentos lleven,
Él solo, el corazón es quien penetra
Y como justo juez, obra y castiga.

Muftí

¡Ah! yo refrenaré tanta insolencia.

Vase.

Escena VII

Dalí

¿Le oíste?

(A Selim que sale de donde estaba oculto.)

Selim

Sí; por cierto lo bastante
Para ver amagada tu cabeza,
Ese gran sacerdote ya irritado
Sin duda ante el diván irá sus quejas
Impaciente a exponer, sí, cuanto antes
Abandona este sitio la prudencia

Y mi amor te lo exigen de contado.

Dalí ¿Y cómo abandonaros cuando apenas .
Ni sabéis donde estáis?

Selim ¡Oh! no importa,
Del justo cielo pende mi defensa
Él guardarme sabrá.

Dalí Sea en buen hora.

Vase.

Escena VIII

Selim y luego Zafira y Colifa

Selim ¡No saber donde estoy! La vez postrera
Que del cariño paternal gozaba
No ha sido en esta estancia?... Aquella puerta
No conduce al lugar, donde por siempre
Se sumergió su vista en las tinieblas,
De una muerte infeliz y prematura,
Que principió la mísera cadena
De cuantos males para mí reunieron,
La orfandad, el dolor y la indigencia?

(Al terminar Selim se oye la voz del Muftí, enseguida salen Zafira y Colifa, y se oye dentro sordo rumor de voces, ruido de armas que se deja sucesivamente.)

Muftí Traición, traición...! alzad creyentes

El profeta os llama.

Selim ¡Qué voz es ésta?

Zafira ¡Qué ruido qué rumor! amiga parte,
Y de esa novedad la causa observa.

Vase Colifa.

Escena IX

Zafira y Selim

Zafira También vos extranjero de este sitio
Separaos, que cualesquiera que sea
Vuestra solicitud, si aquí sois visto,
Os acriminarán, y una sospecha
Bastaría a fallar en vuestra vida.

Selim (Con calma.) No, no lo creáis.

Zafira Nuestra leyes condenan,
Sin remisión alguna, al que se encuentre
Conmigo a solas, como estáis en ésta.

Selim Si la fatal cuchilla del verdugo
Próxima a ensangrentarse en mi cabeza
Viese la viuda de Selim Eutemi,
Al que a su hijo tanto se asemeja,
¿La madre no salvara...?

Zafira No recordéis
Memoria tal que de amargura llena

Mi cruel situación: sino un esposo,
Un hijo por lo menos que tuviera
¿Como así a mi dolor abandonada
Presa del infortunio, aquí gimiera?

Selim
(Aparte.) ¿Dónde está el alma tan de mármol dura
Que ser a tanto indiferente pueda?

Zafira De todo me despoja un genio infausto.

Selim Decid: ¿tenéis bastante fortaleza

(Tomándole una mano.)

Para ocultar en vuestro noble pecho
Un grandioso secreto...?
Yo, altas nuevas
De ventura os daré, si ésta consiste
En que sepáis de vuestra cara prenda,
Yo lo puedo, y lo haré, si un juramento
Solemnizáis de la naturaleza
Ante el sublime autor... una palabra,
Que ya en los labios contener apenas
Puedo será bastante...

(Entra Colifa agitada.)

Escena X

Colifa, Zafira, Selim

Colifa (Afligida y sobresaltada.)

¡Socorredle!
¿Pero a quién ocurrir en su defensa?

(Con sentimiento.)

Zafira ¿Qué ha sucedido...?

Colifa Un grupo numeroso,
De armados turcos aprehender intenta
Al anciano Dalí... que resistido
Con el desnudo alfanje dando prueba
De su antiguo valor con codos lidia,
Pero en vano será que se defienda,
Pues lodos le acometen y le oprimen.

Selim Cobardes esperad que Selim muera.

(Desnuda su alfanje y vase.)

Escena XI

Colija y Zafira

Colifa Es tu hijo.

Zafira Y mis contentos todos
Renacen ya de la esperanza muerta,
Como el precoz destello de la aurora
Al nebuloso cielo se presenta;
Mas qué será de él...

Colifa
(Señalando

adentro.) Desde esa sala
Lo más podremos ver de la contienda.

Escena XII

Noemí y Selim

Noemí No lo permitiré, todo es en vano
Y os perderéis con la mayor certeza.

Selim Quiero salvarle a costa de mi vida.

Noemí Es infructuosa toda diligencia.

Selim ¡Oh rabia...!

Noemí No hay que desesperarse
Fiaros más de mí que de la fuerza
Y os prometo un felice resultado.
Este mismo palacio ya os preserva
De todos los peligros, sí, seguidme,
Y cuando todos vuestro nombre sepan
Sepan también que con la gloria unidos,
Llevasteis el valor y la prudencia.

Selim ¿Y qué exiges de mí?

Noemí Venid conmigo
Donde con libertad hablaros pueda.

(Parten por la izquierda del espectador.)

Acto tercero. La revelación

Sala de palacio, en la que se ve un trono: entradas y salidas laterales y a la izquierda del espectador una ventana que da vista a la plaza.

Escena I

(Zafira sale por una de las entradas que figuran las galerías por la derecha del espectador hacia el fondo.)

Zafira

Qué habrá sido de él!... Ah! cuantas dudas
En mi angustiado pecho se complican:
¡Oh! frágil condición de los mortales,
¿Quién no creyera que llegado había
De los males al fin?... Brillóme apenas
Una esperanza alegre y fugitiva,
Cual la sombra que en sueños nos engaña,
Llevándose tras sí nuestra alegría.
Sí: al cabo de diez años y gemidos.
Soportando cual mísera cautiva
Esta prisión dorada que me encierra,
Vuelvo a encontrar al hijo que la impía
Fortuna me robó, con dura mano;
Y cuando pienso que entre mil caricias
Voy a holgarme en su amor de gozo llena,
Otro nuevo huracán, como imprevista
Tormenta me le arranca de los brazos,
Y en la tumba tal vez le precipita.

(Llora.)

Escena II

Entra Noemí por la izquierda con ánimo de atravesar la escena sin ser visto: Zafira siente sus pasos: lo ve y le habla. Selim estará oculto hasta su tiempo.

Dicha, Noemí y Selim

Zafira — Te buscaba Noemí ¿sabes acaso
De ese extranjero joven, cuya vida
Tanto me hace temer...?

Noemí — ¿Por qué señora?
¿No lo sabes aún, no lo adivinas?
En su rostro no has visto las señales
Del hijo que perdí? Su boca misma
Involuntariamente esta mañana
Su nombre reveló...

(Sale Selim.)

Selim — Sí, madre mía:

(Vase Noemí por la derecha.)

El afecto filial irresistible,
Como el acero que al imán se inclina
Por una oculta y poderosa fuerza
Triunfó en mi corazón a nuestra vista,
Y privarme no pude por más tiempo
De disfrutar la inexplicable dicha,
Que se goza al regazo de una madre,

Dicha suprema, grande, indefinida
Como el torrente eterno que derrama
Por la inmensa creación, ser y delicias,
Para el que prueba como yo este instante.
Si... abracémonos ya...

Zafira (Con júbilo.) Ah!

(Se abrasan y al mismo tiempo sale furtivamente Danmey por la derecha: los mira con una demostración de sorpresa, y atraviesa la escena sin ser visto.)

Selim ¡Pero en que día
Tan cruel y aciago me encontráis de nuevo!
En el más turbulento de mi vida,
Cuando el gemido de un Adiós postrero
Solo os puedo ofrecer ¡Ay madre mía
Cuánto tormento os causo! lo conozco
Y con todo el rigor de mi desdicha
Más siento vuestras penas, que el terrible
Deber a que la suerte me destina.

Zafira ¿Pero qué causa, di tan poderosa
Se opone entre los dos? Cuando corrían
Diez años... sí, diez años de una ausencia
Que nuestros sentimientos dividían,
Con poder semejante al de la muerte.
¿Qué inaudita razón, qué mano impía
Nos vuelve a separar?

Selim No: yo no parto;
Aquí elevada está la tumba mía...

Zafira ¡La tumba!

Selim O los gloriosos lauros
Que al soplo de las penas se marchitan,
Sobre el yerto sepulcro de mi padre.

Zafira No más tus labios entre oscuras miras
Me oculten la verdad! ¡Oh! cuántos males
Con tu silencio a sospechar me inclinas,
Si este apenado lloro que te ofrezco
Con el pesar de mi angustiada vida,
Si haberte dado el ser en tu alma
Mérito alguno, que al amor te obliga.
Tus designios decid.

Selim ¿No adivináis
La deplorable causa que origina
Mi acerba posición...? No basta el nombre
De mi padre invocar...? La losa fría
Que ya de los mortales le separa
Con tan premura muerte ¿a quién no inspira
Rencor eterno y vengadora saña?
Esta terrible causa, que fulmina
Como eléctrica llama entre los moros
Un intenso furor a fuer de lidia
Ante los hijos de Ismael me ha puesto;
Todos ya por Selim se sacrifican
Perecerán o vivirán conmigo,
Como nacieron en mejores días.

Zafira ¿Y no queda otro medio, que no sea
Esa sangrienta lucha en que se abisma
La juventud incauta, y tú con ella?

Selim — Sí hay, el de la razón y la justicia;
Y ése no lo conocen los tiranos.
Por más que el fondo de su pecho aguija
El punzante puñal de la conciencia.

Zafira — La verdad en tus labios se acredita
Mas ¡ay! Selim, el pavoroso instante
Se presenta de lejos a mi vista,
Cual meteoro fúnebre que anuncia
La catástrofe horrible de ese día,
Sí, creedme, el cuadro que bosqueja
Mi mente, ya exaltada y confundida,
Ve en la sangrienta lucha como triunfa
El sublime poder de la justicia.
Veo el valor entronizar la gloria
De nuestra media Luna oscurecida,
Y al cristiano arrogante y a los turcos
Sus flotas dar a la región marina
Dejándonos la paz y nuestro culto;
Mas no veo a Selim junto a Zafira
Sucediendo a los goces que tributa
El Sol que sigue a la tormenta impía.
Este presentimiento me aterrora
Desde que penetré de tu venida
La misteriosa causa. Tú lo puedes:
Aleja los horrores de este día,
Y triunfando el amor de la discordia
Huyamos a los campos de Mustigia.
Allí tu abuelo está, la noche es bella...

Selim
(Con energía.) — ¡Madre, madre... ¿Qué acción tan fementida

Llegáis a proponerme? ¿creeisme acaso
Capaz de una bajeza, envilecida
Mi memoria dejar como cobarde...?
¡Oh! yo no sé huir, sí, madre mía,
Sed más digna del ente que a luz disteis,
Y no querráis que réprobo maldiga
La cuna que abrigó mi nacimiento,
Sospechando de todo cuanto habita
Alrededor de mí.

Zafira

¡Oh tormento!
Mueran todos los turcos debería
Contigo proferir en el delirio
Del ardiente dolor, e irreflexiva
A la aniquilación anticipada
De la patria pedir la total ruina...?
No: no Selim, jamás contra los turcos
Ni un brazo se levante: sí, que existan,
Y cedan al imperio de los tiempos,
Que no por ser perverso el que los guía
Todos pérfidos son; bajo ese nombre
Aún pechos hay do la virtud respira,
Ni juzguez aunque débil te parezco
En algunos momentos indecisa,
Que el más leve temor me hiere el pecho.
Audaz venganza el corazón palpita.
De furia ardiendo en insaciable encono:
¿Mas contra quién, o dónde fijarla
Para estallar mi cólera violenta,
Si no encuentro al objeto que imaginas?
Di: ¿qué lugar de la anchurosa tierra
Osa ocultar la mano fementida,
Que cruel, de padre a ti, a mí de esposa

Y a la patria de Rey a un tiempo priva...?

Selim (Sacando un pliego.)

Mirad: leed, he aquí su nombre, y todo
Cuanto probarnos pueda su perfidia.
Barbarroja, tirano en Mauritania,
El asesino es, que en mi familia
Un luto ha repartido con el llanto
Y vuestra mano pide en garantía
De tan cobarde acción.

Zafira (Sin abrir el pliego.)

Si verdad fuera,
Juro ante Dios que a cosía de mi vida...

(Se oye de improviso debajo de la ventana a la izquierda del espectador el preludio de un laúd al que sigue la letra por cuya causa quedan suspensos los que representan prestando atención al canto.)

CANTO
Alerta mancebo que el dulce regazo
Gozáis tributando tiernísimo culto,
Mas ¡ay! que la envidia te acecha de oculto
Tendiendo a tu vida mortífero lazo,
Adiós: si me entiendes tu nombre guardando
Al bosque de Lilas seguidme volando.

Zafira

Es la voz de Noemí, con cuyo canto
De algún nuevo peligro nos avisa,
Es forzoso pensar...

Selim

¿En qué señora?
No estáis con vuestro hijo?

Zafira ¡Las perfidias!
Todas ante mi nombre solamente
Se estrellarán confusas y abatidas,
Pero ¡ay! de aquel cuya imprudencia osara
Oprimiros ya más: desde este día
Que a vuestro lado palpitó mi pecho
Del amor maternal las dulces dichas,
Como en plácido sueño solazado,
Todo lo olvido, y pienso que mi vida...
¿Otra vez el laúd?

Selim Sí, sí, escuchemos.

(Se oye a la derecha del espectador el mismo preludio del laúd y sigue la letra.)

CANTO
El tiempo se pasa con rápido vuelo,
Tus pasos acecha perfidia traidora,
Y el bien que te espera terrible devora
Malicia cubierta de angélico velo:
Mancebo a las Lilas te llama mi amor
Si me entiendes, madre, velad por su honor.

Zafira (Con extrema agitación.)
Sí, esas trovas con razón me inspiran.
Todo el terror de una secreta trama,
Que en su fondo tu muerte premedita.

Selim (Colérico.) ¿Y dónde están los pérfidos? cobardes.
¿Qué, tardáis en llegar a vuestra ruina?
Venidme a conocer, yo solo os llamo
No perdáis la ocasión...

Zafira ¿Selim, deliras
O del dolor hasta el postrer momento
Quieres llevar mi desgraciada vida?

Selim (A Zafira.) ¿En dónde están las armas de mi padre?

Zafira ¡Oh Dios eterno!

Selim Dadme las insignias,
Que al Rey de Mauritania pertenecen
Por fueros de heredad, Selim respira...

Zafira Y Zafira también: Si tu existencia
El amor que me ofrece garantiza
Atiende por piedad. Aquella puerta
Deja paso hasta el bosque de las Lilas,
Por un camino oculto y subterráneo,
De pocos conocido todavía;
Allí pues de tu padre está el sepulcro
Y junto a él la soberana insignia
Cubre una caja de bruñido acero;
Id, y ante el Dios que tus acciones mira
Hágate el cielo Rey de Mauritania.

Selim ¡Oh madre! Permitidme que conciba
En vuestros brazos la impresión más tierna,
Pues tal resignación colma mis dichas.

(Zafira le conduce por el frente, y a la derecha del espectador toca el resorte de una puerta secreta y sale Selim por ella.)

Zafira Ya está libre, ninguno puede verle

Más que Noemí... Pero qué motiva...

(Entra Danmey con tropa armada.)

Escena III

Dicha y Danmey

Danmey — Tranquilizaos señora... ese extranjero...

Zafira (Perturbada.) — ¿Para qué le queréis?

Danmey — Todo me obliga.
Apoderarme aquí de su persona:
(Aparte.) Entregádmele pues... ¡Cuánto se agita!

Zafira (Con entereza.) — ¡Ese extranjero! no te pertenece.
Y estando bajo la custodia mía
Mucho menos, Danmey, de ese mancebo
Responderé al monarca, yo, Zafira.

Danmey — ¿Y de vos al monarca quién responde?

Zafira — (Volviéndole la espalda.)
Mi conciencia.

Danmey — Buscadle: no se omita

(Con autoridad despótica a los soldados que se esparcen por toda la escena en diferentes direcciones.)

Miedo ninguno ya, de su persona
Cada cual me responde con la vida.

Escena IV

Danmey y después soldado

Danmey

Éste debe de ser el heredero
Del valiente Selim; si esta noticia
Se llegase a esparcir, en un momento
Todas mis esperan/as rodarían
Después de tanto afán... ¡Oh no! que muera
Si a este precio conservo las delicias
De llegar a mi fin.

Soldado
(Volviendo.)

Nada encontramos
En vano ha sido la eficaz pesquisa
Que por todo el palacio hasta la torre...

Danmey

Basta, inútilmente se imaginan
Burlar mi vigilancia; iré yo mismo
Y...

(Va a partir a cuyo tiempo se oyen voces y música marcial de lejos: los soldados salen por todas partes dejando solo a Danmey el que se acerca a la ventana que se supone con vista a la plaza.)

Una voz — Viva Arruch Barbarroja.

Muchas voces — Viva...

Una voz — Viva el monarca vencedor de Túnez.

(Murmullo.)

Danmey ¡Oh cuánto pueblo en derredor se apiña!

(En la ventana.) La plaza circundando: sí... esto es hecho,
Fortuna tú mi esfuerzo desafías
Y de nuevo a alcanzarte me preparo:
Sigamos a aumentar la comitiva.

(Cuando parte Danmey habrá empezado a entrar parte de la comitiva y enseguida Barbarroja en triunfo. Danmey es el primero que le presenta la rodilla en tierra y le sirve hasta sentarlo en el trono quedándose en la grada inmediata: todo con música. Habla Danmey cuando ya esté sentado Barbarroja.)

Escena V

Danmey, Barbarroja, acompañamiento

Danmey Que viva Arruch Barbarroja.

Todos Viva...

Barbarroja Valerosos y fieles capitanes:
Cesó de fomentarse en la anarquía
La implacable soberbia de los reyes,
Cuya arrogancia nuestro ardor desquicia.
Ya al trono que ocupar me manda el cielo
Encadenada dejo a la morisca,
Y esta parte que habito independiente
De vuestros señoríos acreditan.
La más grande extensión que en Mauritania

Monarca alguno poseyó este día:
Siete tronos cayeron vacilantes
Bajo mi gloria y cetro que respiran
Justiciero poder al universo,
La paz os queda, premio a las fatigas,
Que habéis sabido con heroicos brazos
Contrastar y vencer bajo la égida
Del valor que distingue a los guerreros.
Al pueblo conceder cuantiosos días.

(A Danmey.) Que en júbilo, festejo, y regocijo
Goce en mi obsequio inimitable dicha.

Danmey Guardaos, señor, de prodigar tal gracia
Que ese medio sin duda facilita...
Os tengo que decir un gran secreto,
Cuya importancia de quietud me priva.

Barbarroja Hablad pues.

Danmey Estas gentes...

Barbarroja Despejad.

(Parten todos y baja del trono.)

Danmey ¡Ah! perdonad, que en tan feliz momento
Con pesarosas nuevas os reciba
Pero es forzoso que sepáis la causa.
A un joven extranjero con Zafira
En esta sala he visto no hace mucho.

Barbarroja ¡Y qué joven es ése!

(Con sobresalto.)

Danmey

Su venida
Es para todos un misterio oscuro;
Mas para ella no, pues parecían
Cuando hablaban tan tiernos y afectuosos...

(Impaciente.)

Barbarroja

¡Acaba!

Danmey

Que la amistad más íntima
Los estrechaba en cariñoso lazo,
Y que a entrambos de nuevo los reunía,
Cierto ahínco amoroso...

Barbarroja

En el instante
Mi llegada a Zafira participa,
¡Gran Dios si fuese cierto!

(Se pasea agitado y pensativo.)

Danmey (Aparte.)

Ya el momento
Que solicito ansioso se aproxima.
(Vase.) Sus celos colmarán mis esperanzas.
Que solicito ansioso se aproxima.
(Vase.) Sus celos colmarán mis esperanzas.

Escena VI

Barbarroja solo.

Barbarroja

¡Y yo tengo un rival...! ¡Quién no diría

Que un fantástico sueño me confunde,
Poniendo ante mis ojos la perfidia
De que es capaz una mujer ingrata,
Cuando se juzga dueña de sí misma...!
Y ese incauto, de qué naturaleza
Habrá sido formado, o en qué clima
Le abortara el infierno, pues no teme
Todo el furor de la venganza mía...!
Si supiese de cierto que le amaba!!!
No puede ser... no: el alma de Zafira,
Es pura como el genio de aquel ángel
Que ante el gran Dios la frente diviniza
Del profeta Mahoma... ¡mas quien sabe!
¿Por qué ocultar su rostro a mi venida...?
La entrada de ese joven extranjero...!
Si... todo...! Cuando atada la alegría
Al carro de mis triunfos arrastraba,
Trayendo el galardón de la conquista
Al seno de la patria, ser dichoso
Con verla prosperar me prometía,
Y solo en ella ingratitudes hallo
De emponzoñados celos que me brindan
Su veneno fatal... Pero ella viene
Cubramos con amor mi justa ira,
Y oigámosla explicar: así conviene.

Escena VII

Dicho, Zafira, Danmey

(Barbarroja da algunos pasos hacia el foro como para reportarse y al acercarse a Zafira, hace ésta un movimiento de terror.)

Danmey Pensad princesa bien que tanta dicha

(A Zafira que le mira con indignación y desprecio volviéndole la espalda: vase.)

Zafira Sombra sagrada de Selim Eutemi,

(Aparte al ver a Barbarroja.)

Velad aquí por la inocencia mía.

Barbarroja
(Acercándosele.) Y bien Zafira ¿cuándo todo ardiendo
En popular contento felicita
Mi día de victoria, a ti tan solo
Respirando he de ver melancolía?
No es pues llegado el delicioso instante
De que mi suerte a tu virtud unida,
Ofrezca al mundo el esplendor sublime
Que el modelo glorioso certifica
De una frente dos veces laureada,
Cual la tuya será.

Zafira ¡Oh Dios, la mía!

Barbarroja La tuya, sí... ¿Por qué tan demudada
Quedas cuando me oyes? ¿Qué te excita
Tan súbito terror...? Ya no te acuerdas
Que ser mi esposa...

Zafira
(Interrumpiéndole.) Sí: mas no prosigas,
Que harto abismada por mi mal recuerdo.

Si en un momento de razón perdida
Pude un sí proferir, que nunca el alma
En su entero poder pronunciaría
Perdonadme Señor, que esa palabra
Me torne a recoger arrepentida:
Yo no soy para vos la digna esposa
Que os hiciera feliz, pues esta vida
Por una eternidad, y un juramento
Solemne, solemnísimo se liga,
A los genios que moran en la tumba.

Barbarroja

Sobre la muerte, y a la tumba misma
Te seguiré impasible: ¿No conoces
Hasta que extremo el amor me hostiga?
Si morir quieres, moriré contigo;
Pero viviendo tú, ¿querrás que exista
Desquerido de ti? Si algún viviente
Disputarme pretende esta divisa,
Que más que lauros y que trono aprecio,
Del universo al fin le seguiría,
Y en su sangre, sediento me saciara
Con él último resto de su vida.

Zafira

¿A qué punto os arrastra la violencia
De ese amor pertinaz...?

Barbarroja

Oye Zafira
Por la postrera vez la voz amante;
Que mi angustiado pecho te dedica.
Si el cruel tormento y doloroso estado
De algún paciente tu piedad anima,
Cuando sufrido en lo interior del alma
Es infeliz en su fortuna misma,

Tenia solo de mí, que destinado
A cooperar con la existencia mía
Cuanto para sentir hay conocido,
Más de una vez en horrorosa lidia
Todos los elementos conjurados
Contra mi frágil nave parecían
En negra tempestad horrisonante,
Llevarme con la muerte ante la vista
Bajo lluvias de rayos desprendidos
Sobre mi frente, y por doquier que iba
Del proceloso mar hecho el juguete,
Todo un abismo lóbrego me abría;
Entonces, mi constancia a toda prueba
Suministrarme pudo las medidas
Con que triunfar del piélago inclemente;
Y ahora que fortuna al fin me brinda
La copa del placer que apurar debo,
¿Qué es de mi juventud?... La edad florida
Que en tantos hechos ostentó mi esfuerzo,
Afrontando los riesgos a porfía;
Mi heroísmo, mis glorias y trofeos
Con todo su esplendor, en ti se eclipsan:
Triste barrunto sucumbiendo al peso
De esta enorme pasión, en cuya mira,
Ni rige la razón, ni sé quien soy.
Solo al través de una esperanza limpia
Como el campo precioso de la Luna
Cuando encumbrada por el cielo brilla,
Veo, y amo: tu rostro, tus encantos,
Solo son los objetos que me animan
Y llenan de inquietud: por ellos clamo,
Y en la senda espinosa de mi vida,
Tú sola del pesar que me combate

Y en el fondo del alma me acribilla,
La causa tienes, y en mi pecho manda
Devorador afecto, llama estiva
De amor consumidor que el alma abraza,
Amor dechado de eternal delicia
Amor digno de ti... sí...

Zafira

Deteneos
Que hasta al infierno mismo escandaliza
Tan frenético ardor —pensadlo un poco—:
Pensadlo Barbarroja.

Barbarroja

Bien Zafira,
Une al tácito afecto de un amante
La voluntad del Rey... tu mano es mía

Zafira

Suspender de esta noche el negro manto,
Con más facilidad conseguirías.
¿No ves como del polvo se levanta
La sombra de Selim palidecida,
Que entre los dos, pasando cual espectro,
Véngame, dice, a la infeliz Zafira,
Y el eco prolongándose a lo lejos
Véngame repitiendo, se disipa...?

Barbarroja (Impaciente e irritado.)

Zafira...!!! no: esto es ya demasiado.
¿Contra quién tu venganza premeditas!
Hola Danmey.

Danmey (Saliendo.) Señor.

Barbarroja

Id preparadla una bella morada, la más digna

De tantas ilusiones.

(Vase Danmey.)

Zafira ¡Ah clemencia!

(Consternada.)

Barbarroja ¡A quién la pides...! Tu empedernida
Condición me enseña a ser terrible.

Zafira ¡Conque vuelvo a encontrar aquellos días
Que en hondo subterráneo sepultada
Me arrancasteis un sí, que no debía?
Y así queréis que arrebatada sea,
Por vuestros fines mi viudez tranquila
Al tálamo fatal? ¿Creéis que osara
Sino abismada en espantosa grima
Consumar ante el mundo tan terrible,
Como infausta pasión, cuando oprimida,
Solo gemidos, lúgubres querellas
Producirán en torno el alma mía,
Y un sí de muerte profiriendo llena
De admiración y horror casi sin vida?
¿Acaso el padre de la ley eterna
Tan violentas demandas autoriza...?
¡Ah!... sí... perdonad; y haced que al punto
(Se postra.) Me regrese a la corte de Mustigia!

(Barbarroja la mira con indignación.)

Donde mi padre reina... pero ¡oh Cielos!
Esa mirada toda la perfidia

De su cruel corazón me ha descubierto...

(Se levanta con desesperación.)

Infeliz de ti si todavía,
En violentar persistes mi reposo

Barbarroja	No hay piedad para ti: de mi justicia Todo el rigor desplomaré en tu frente.
Zafira (Le da un papel.)	Mi indignación tu suerte vaticina Asesino... temblad... ya el velo rasga De la santa verdad la luz divina:— Toma... lee... y tú mismo confundido Mira el suplicio horrible en que se abisma Tu gloria criminal... sí... lee... y advierte Que aún soy libre y reina todavía.

(Barbarroja lee para sí, después recorre la escena y mira con sobresalto por todas partes.)

Barbarroja	¡Maldición! ¡maldición! ¿Qué mente infame Osa contra mi nombre, tal falsía?
Zafira (Aparte.)	Su turbación comprueba su delito.
Barbarroja	Decid ¿quién contra mí tales noticias Te ha entregado?

(Asiéndola del brazo.)

Zafira (Con energía.)	 Selim Eutemi

Barbarroja
(Soltándola.) Tal hombre ya no existe, tú deliras
Inventando en tu mente esa calumnia

Zafira ¡Qué son dos por ventura se te olvida
Los que Selim Eutemi se han llamado...?
Del uno me privó tu saña impía,
Con alevosa muerte en este alcázar
Donde ignorarlo todo me fingías;
Mas el otro, salvado por el cielo
Para tu confusión, feliz respira:
Ése es mi hijo, cuyo ardiente alfanje
Sobre tu cuello miserable vibra
De la venganza el decisivo golpe.

(Vase.)

Escena VII

Barbarroja y Danmey

Barbarroja ¡Ah! cuántas veces muere y resucita
Ese fatal Selim!... estoy vendido;
Pero antes que el Sol anuncie el día
Que ilumine en la Arabia mi deshonra,
Yo sabré confundir tanta perfidia,
Y al verse en mi presencia sabrán todos
De qué naturaleza son las fibras
Que tiene el corazón de Barbarroja.

Danmey (Entra.) Vuestra orden señor está cumplida.

Barbarroja

Oye Danmey, partid, y en el momento
Sin pérdida de tiempo solicita,
Para ahora mismo a todos los ancianos
Que forman el Diván: toma y prodiga
Cuanto oro juzgares necesario
Para comprar los votos de justicia,
Que han de fallar la muerte de ese joven,
Y si es fuerza también la de Zafira.

Danmey

Todo sin el Diván podéis hacerlo.

Barbarroja

No: así lo quiero, porque no se diga
Que a mi rencor sacrificarlos quise
Decid: que son traidores a mi vida,
Y nada más, pues lo esencial del hecho
Aunque se calle en nada debilita
La fuerza que a la muerte los arrastra.

(Vase.)

Danmey

Esto avanza con marcha desmedida.
Sí, perezcan todos, y tras ellos pueda
Las ansias ver de mi ambición cumplidas.

Acto cuarto. La prisión

El teatro representa una prisión: a la izquierda y hacia el fondo se verá el pie de una torre con una puerta con cerrojo; a la derecha la entrada con rejas de hierro; en el medio habrá una pilastra en cuyo remate estará una lámpara encendida; a la derecha cerca de los bastidores un banco de piedra donde aparecerá reclinada Zafira y de la puerta colgará una cadena.

Escena I

Zafira
(Levantándose.) He aquí la prisión: he allí un suplicio.
Y heme también a mí. Del Sol los rayos
Aún no doran la faz del horizonte.
Todo en tiniebla gime sepultado
Como mi corazón... ¡Oh Dios eterno!
Si había de ser de la fortuna escarnio,
Arrastrada a tamaño vilipendio,
¿Por qué Reina nací...?

Barbarroja
(Llegando a Zafira.) Ya de tus manos
Pendiente está Zafira tu destino,
Y el de todos los viles conjurados
En tu fatal designio.

Zafira ¡Mi designio!—
¿Qué osas pronunciar hombre insensato?
¿No es la mano del cielo levantada
Para vibrar contra tu frente el rayo
De su excelsa justicia, quien te agobia

Hasta punto de herir el pecho flaco
De esta débil mujer...?

Barbarroja

Esa arrogancia
Al fin será de tu existencia el fallo,
Pero no obstante oíd: una palabra
Va a convertir en trono ese cadalso,
O abrumarle de víctimas sin cuento:
Ésa debe caerse de tus labios
Y recogerla yo, según convenga
A mi real facultad. un nuevo agravio
Me confirió tu voz, mas te perdono
Porque en secreto fue tan torpe paso;
Pero dos condiciones deben antes
Preceder al favor que en ti derramo.
Primera: desdecirte por escrito
Y atribuir de violencia un breve rapto,
Cuanto de mi dijiste, y la otra
En pública asamblea con tu mano
Garantizar tan alto testimonio.

Zafira

¡Oh! no, jamás jamás!... No ves un lago
De sangre derramada entre nosotros,
Separación eterna señalarnos,
Y como ronco trueno que retumba
La cercana tormenta presagiando;
Una voz misteriosa que allí dice
¿Regicida...!!! y el eco prolongado
Que las entrañas de la tierra brota,
¿No destruye el poder de tus mandatos?

Barbarroja

Truenen todas las tumbas, y en buen hora.
Manden al borde del sepulcro helado

Cuantas sombras de mí, venganza pidan...
Deliberando están los veinte ancianos
Sobre las vidas de Dalí y la tuya.
La sentencia de muerte no es el acto
Que da la ejecución: mas tres anuncios
Designarán el tiempo que señalo
A tu arrepentimiento, o a mil muertes
Que por tu obstinación llevo a su cabo,
En esta oscuridad.

Zafira ¡Monstruo!!!, monstruo!
Di qué furia infernal el ser te ha dado.
¿Por qué no te tragó la mar tremenda
En negra tempestad?

(Cae sin sentido en el banco, se acerca Barbarroja y le toma una mano.)

Barbarroja Yerta como el mármol
Entre el ser y la nada se sostiene.
¡Oh cuánto imperio sobre mí le ha dado
El influjo fatal de mi destino!
¿Por qué no mando en ella; y esta mano
Enlazada por siempre con la mía
Forma de mi existencia lo mas caro...?
Si al prodigarle en vano estas ternuras
Si al imprimir en ella con mis labios
(Le besa la mano.) Este beso de fuego, consiguiera
Del volcánico ardor en que me abraso,
Una chispa esconder dentro del pecho,
¡Oh qué feliz yo! viviera amando
¡Su belleza gentil, y de este modo
Cuan virtuoso fuera, cuan humano.

Escena II

Barbarroja, Danmey

Danmey (Desde la entrada.)
¡Señor!

Barbarroja (Sorprendido.)
¿Quién llama?

Danmey Ya he conseguido
A estos umbrales con sagaz engaño,
Conducir a Dalí: fuera os aguarda

Barbarroja Traerle... mas atiende: ¿Ha penetrado
Alguien en derredor nuestras pesquisas?

Danmey Ninguno, todos duermen.

(Parte a una señal.)

Barbarroja Pues mi manto
Evitará que viéndola comprenda
A dónde viene, y a que fin le llamo.

Escena III

Dicho y Dalí

Barbarroja cubre a Zafira con su manto y entra Dalí, se postra ante Barbarroja sin reparar en ella.

Dalí Venerable Señor; a vuestras plantas

La caduca cabeza, dobla ufano
Quien nada más debe ofreceros
En la porción de sus cansados años;
Pero si útil aún serviros puedo
¿Qué me ordenáis?

Barbarroja

El recordar que mando;
Y que es bien fácil conservar mi aprecio
Con la obediencia, propia del vasallo.
Mi cólera evitad, y ved en esto
Que quien al Sol se acerca demasiado,
Cual Arcón por sus alas sostenido,
Logra solo en su arrojo temerario
Lo que la seca paja junto al fuego.
Ahora levantad, y mientras hablo
(Se levanta.) Pensad bien lo que hacéis... En este sitio
No hay más que oscuridad, y yo que mando
Aquí se sorbe en la ignorancia todo,
Pues de la voz el eco embovedado,
Se ahoga entre el negror de las paredes
Sin que haya vista, pensamiento o labio,
Que juzguen, ni publiquen mis acciones
Desde que Dios aquel que solo es alto
Me señaló la excelsa primacía
De regir a los pueblos Mahometanos,
Fue toda mi ventura, vuestra gloria,
Mis desvelos que fuesen fortunados,
Firme cimiento al vacilante trono
Eché con mi poder, todo ha llegado
Al extremo más próspero y florido,
Todo respira gozo, todo es grato:
Mas para colmo de tan altas dichas
¿No le falta una esposa a mi regazo?

¿A qué buscarla en extranjeros climas?
Cuando Zafira en sus preciosas manos
Acopia tan supremos beneficios
Que entronizara en los umbrales patrios
¿No os halaga también mi pensamiento?

Dalí — Señor: esa princesa es de su mano
Como vos del poder arbitro dueño;
Y yo de entre vosotros nada alcanzo

Barbarroja — Habéis pensado bien esa respuesta.

Dalí — No me equivoco, no.

Barbarroja — Pues luego en vano
¿Al prudente Dalí pido un consejo?

(Óyese rumor de muchos que hablan. Dalí se sorprende, quiere partir y Barbarroja lo detiene aparentando serenidad.)

No: no es nada.

Dalí — ¡Mas!!!

Barbarroja — Nada decidme algo
Que en mi unión con Zafira.

Dalí (Violento.) — ¡Señor!
Nada sé que...

Barbarroja — ¡Ahí pérfido! taimado,
Perjuro, hipocritón, envejecido
Bajo la astucia vil del Áfricano:

Ese rumor que tanto te sorprende
No es de los que contigo conjuraron
Tu frenética cólera siguiendo,
Es el preludio mísero que el fallo
De tu muerte pronuncia irremisible,

(Descubriendo a Zafira.)

Mira... mira aquí, al fruto mal logrado
De tus obras: complácete perverso

Dalí (Doblando la rodilla ante ella.)
¡Oh! Zafira, Zafira

Barbarroja (Levantándolo.) ¡Y osas tu llanto,
De tan ilustre víctima a las plantas,
Inicuo derramar!

Dalí ¡Ah! Conque al cabo
En lóbrega prisión Zafira ha muerto?

Barbarroja Ella no ha muerto; pero solo un paso
Dista ya entre su vida y el sepulcro
Mas: si tu mala estrella por milagro
Chispa de compasión dejó en tu pecho,
Sálvala, si lo quieres, que en tus manos
Ahora tienes poder que viva o muera
Un crimen con baldón falsificado
Se me imputa, lo sé, y de ti sospecho
Que ha principado a ser.

Dalí Eso es falso.
A ninguno calumnia, quien no teme

Ni envidia al poderoso.

Barbarroja ¡Di insensato!
Defensor de Zafira. ¿Quién divulga
Que al príncipe Selim la muerte ha dado?

Dalí Si tal cosa Zafira profiriera
No lo dudara yo, porque sus labios
No han sabido mentir...

Barbarroja ¡Y qué me importa!
Estos muros no hablan: ved si acaso
Por vuestras propias vidas e intereses
Podéis arrepentiros entre ambos,
Tiempo os dejo: pensad, pensad.

(Vase.)

Escena IV

Dalí, Zafira

Dalí (Tomándole una mano.) ¡Zafira! ¡Oh tormento!...
por sus miembros flacos
El hielo de la muerte solo encuentro,
Mas probaremos del sublime mago
Como otra vez el talismán divino.

(Saca del pecho un pequeño talismán, se postra y declama mirando al cielo. Al concluir el último verso queda orando un corto intervalo. Sale el verdugo vestido de negro con una luz en una mano y en la otra un alfanje muy ancho y colocándose al lado de la pira canta con voz monótona a cuyo ruido exclama Dalí.)

Tú de la vida espíritu angustiado
Que por no ver la sombra de este sitio,
A Zafira abandonas... yo te llamo
Al poder invisible que contienen
Estas reliquias, de consuelo humano.

Verdugo

Ya dos minutos quedan a los reos
Que las leyes a muerte han condenado,
Por contumaces...

(Zafira se levanta sorprendida.)

Zafira y Dalí

¡Ah!!!

Verdugo

Arrepentios,
Arrepentios...

(Vase.)

Dalí

Vengaos, si, vengaos,
Puesto que ser mayor que su destino
A viviente ninguno le fue dado.

Zafira

Dalí mi protector.

Dalí

¡Ah! ¿me conoces?
Gracias al poder que sobrehumano
A mi ruego la vida te retorna.

Zafira

¡Cómo entraste aquí! ¿Sabes acaso
El funesto lugar que nos encierra?

Dalí
Sí lo sé: pero tarde el desengaño
Conocí a mi pesar: en este caos
Gemir y perecer solo es la suerte
Que nos brinda este adusto desamparo...

Zafira
¡Gemir y perecer, cuando la vida
Me brinda con los plácidos halagos
Del cariño filial...! Cuando al sepulcro
Por un mismo camino descendamos
¿Qué será de Selim?... ¡Oh esta idea
Más me aterrera que mi fin aciago!

Dalí
Tú pudieras fingiendo arrepentirte
Ceder por un momento, y mientras tanto...

Zafira
Jamás Dalí jamás, vil vidas
(Sale el verdugo.)
Prodigara con férvido entusiasmo
Mi causa es justa, y bienhechor el cielo
Hará que alguno de los veinte ancianos...

Verdugo
(En la misma posición.)
Solo un minuto vivirán los reos
Que las leyes a muerte han condenado
Por contumaces: sí, arrepentíos.

(Vase.)

Zafira
Ya esto es hecho
Dalí: oye y muramos;
Pero un término menos espantoso
Nos permite burlemos del tirano
(Mostrándole.)
Tan vil perversidad... ves este anillo:
Bajo su rica piedra está encerrado

Un veneno mortífero: él te sirva,
Si mi ejemplo imitar te fuera grato.
(Saca un puñal.) Nadie nos vela aquí: toma este acero...
Húndelo por piedad al agitado
E infeliz corazón que te presento...
Y sígueme después... ¿Quién ya tu brazo
Detiene mi Dalí? Hiere...

Dalí ¡Oh Zafira!
Juzgas que tengo un corazón de mármol...?
¡Yo tu verdugo ser! Cómo es posible
Ángel del infortunio coronado?

Zafira La muerte es la puerta más cercana
Que queda para huir de ese cadalso,
Dádmela si me estimas. ¿No es más dulce
Morir de la amistad entre los brazos
Sus postrimeras lágrimas bebiendo,
Que de un verdugo en las impuras manos,
Maldecida del cielo y de los hombres,
Ver mi cabeza y cuello separados
Y en el polvo rodando estos mis ojos
Que a tus pies ofreciera nuevo llanto,
Hechos allí el ludibrio y menosprecio
De esa asesina turba y su tirano?

Dalí (En ademán de herirla.) Qué acerba confusión... ¡Oh Dios eterno!...

Zafira Hacedlo por piedad, benigno anciano.

Dalí ¡Zafira... que horror oh! yo no puedo

(Retrocede y arroja el puñal.)

(Entra Danmey seguido de una escolta que rodea a Dalí Danmey le insinúa que le siga y obedece: con la escolta, entra Colifa mezclada y se oculta para salir a su tiempo.)

Escena V

Dichos y Danmey

Danmey — Seguidme obedeced.

Zafira — ¡Ah inhumanos!
El Cielo pondrá fin a vuestras obras.

(Parten Dalí, Danmey y escolta.)

Colifa — ¡Zafira!

(Saliendo.)

Zafira — ¡Mi Colifa, yo en tus brazos!
No es ésta una ilusión.

Colifa — No, no lo dudes.
La amistad poderosa me ha inspirado
Valor para seguirte hasta este sitio.
Cuando a Selim dejé del todo salvo
Venía con las nuevas a buscarte;
¡Mas cuál fue mi sorpresa al ver que llamo
Y nadie me contesta! vanamente
Registro cautelosa del palacio
Todas las posesiones; por jardines

Discurro silenciosa divagando,
A la vez que un cautivo me revela
Con turbadas palabras este arcano,
Por lo que pude en el instante mismo
Engañar con cautela a los soldados:
Y héteme aquí contigo, hasta la muerte.

Zafira

Retírete, retírete, intertanto
Que decide la suerte de mi vida
Ese Diván terrible extraordinario,
Que preside a su antojo Barbarroja

Colifa

Junto a ti moriré, si llega el caso.

Verdugo

(Entra y toma su primitiva postura.)
El término es cumplido que a los reos
Los votos del Diván han señalado
Preparaos a morir.

(Vase.)

Zafira (Se abraza con Colifa.)

Ya todo, todo,
Para siempre acabó: de vida un rayo
Lució con mi esperanza en este sitio.
Yo sé olvidar el pavoroso brazo,
Que sobre mi cabeza suspendido
La señal esperaba: al fin ciñamos
La palma del martirio, que algún día
Recordará a la Arabia mi memoria...

Escena VI

Dichas y Danmey

Danmey — Zafira: en vez postrera a preguntarte
Barbarroja me manda. ¿Estás acaso
Arrepentida, y a negarte pronta
De la negra calumnia que han forjado?

Colifa
(Con prontitud.) — ¡Sí... sí...!

Zafira (Lo mismo.) — ¡No, no!

Danmey — Sabes que eres de muerte?

Zafira — Estoy conforme.

Danmey (Aparte.) — Pues se van colmando
Mis ocultos proyectos; mueran todos
Y mi subida al trono, será un paso.

Escena VII

Colifa, y Zafira

Colifa — ¿Zafira: te es la muerte más gustosa
Que conmigo vivir y consolarnos?

Zafira — No hay remedio, Colifa, de mi esposo
Vuelo otra vez a los amantes brazos,
Y es preciso morir para que sea;
No faltar a la fe, que le he jurado,
Me prescribe el sangriento sacrificio
Que voy a soportar.

Colifa ¡Ese aparato!

(Entra Danmey conduciendo a Dalí en medio de una escolta y con el verdugo, traerán hachas encendidas, y puesto Dalí entre Danmey y el verdugo se presentan ante Zafira; habla Danmey dirigiéndose a Zafira y a Dalí.)

Danmey ¿Decid cuál de los dos queréis primero,
Al golpe de la muerte consagraros?

Zafira y Dalí ¡Yo!

Danmey Pues ya que los dos a un tiempo mismo,
Con igual elección habéis hablado
Yo mando que Dalí primero muera.

Dalí ¡Zafira infortunada! Adiós... y en tanto
Pueda mi sangre toda derramada,
Vuestra vida salvar... Desde aquel acto
En que pisaron los temibles turcos
Las playas del Gobierno Mauritanio,
Las altas torres, los sepulcros tristes,
Todo infestó su bárbaro contacto.
Espadas, guerras, muertes, robos,
Homicidios, lamentos y cadalsos
Siempre entre sueño aterrador he visto;
La razón disipaba estos presagios;
Mas los efectos mis ancianos ojos
Miran cumplidos, el pesar llorando.

Danmey
(Al verdugo.) Arrancadle de ahí.

Zafira ¡Hombre inhumano!!!

Dalí (Al mismo.) Vamos pues; y enseña como muere
El hombre justo al pérfido tirano.
Mirad: esto es distintivo de Mahoma

(A Danmey tocándose el turbante.)

Que todos sus parientes heredamos
Harto tiempo feliz lució en mi frente
Y enseña fue de mis honrosos años
No lo olvides Danmey, tal vez un día
Recordarás lo más.

(Sigue al verdugo que lo conduce a la pilastra, se postra y lo ata fuertemente.)

Zafira (Al mirarle atar llora.) ¡Mortal quebranto!
¡Toda me hielo y fallecer me siento!

Colifa No le mires.

Zafira ¿Y es posible...? Bárbaros!

(Al ver que se preparan a descargar el golpe, se arroja al verdugo asiéndole del brazo para impedirlo.)

Detente por compasión, y no termine
El lustre de su vida. ¡Ah!!!

Danmey Separaos.

(Danmey toma del brazo a Zafira para separarla; al mismo tiempo se oye una gran detonación en lo exterior de la torre; desplomándose toda aquella parte queda abierta una gran brecha: Zafira con la palabra que le corresponde retrocede hacia el banco de piedra y cae desmayada. Entran por la brecha Selim seguido de algunos nobles Árabes, con luces unos y otros don alfanjes desnudos, entre ellos Noemí vestido ricamente a la manera de un edecán, trayendo al hombro en lugar del laúd una aljaba provista de flechas, y su arco en la mano, y asestando una al verdugo lo derriba en tierra muerto.)

Zafira ¡Ay!!!

Danmey ¿Qué es esto?

Colifa ¡La torre se desploma!!!

Selim Temblad perversos.

Danmey Quién ¡Selim!!! huyamos!

(Todos huyen y el verdugo queda muerto como se ha dicho.)

Selim Amigo mío: aún puedo entre las garras

(Cortando las ligaduras de Dalí.)

De esta espantosa muerte, arrebataros

Dalí ¡Oh noche sin igual!

Selim
(A los soldados.) Guardad la brecha

¡Oh madre, madre mía, y a que estado
Tan deplorable te arrastró el destino...!
¡Ni aún respira gran Dios!

Barbarroja
(Desde dentro.) Ea soldados
Seguidme, y a ninguno se perdone.

Dalí ¡Todo se ha perdido!

Noemí ¡Todo está salvado!

(Noemí corre a la puerta toma la cadena y la cierra. Enroscándola en ella la deja reforzada de este modo y poniéndose luego en medio se prepara con sus flechas que dispara sin cesar defendiendo la entrada hasta que todos se salvan por en medio del excesivo fuego que harán las tropas de Barbarroja desde dentro.)

Selim ¡Zafira, madre mía...!

Dalí ¡Nos sorprenden!

Barbarroja ¡Carguen!

Colifa ¡Justos cielos, apiadaos!

Selim ¡O tormento! Zafira?

Barbarroja ¡Mueran todos!

(Desde dentro a la voz de Barbarroja empieza el fuego que harán los arcabuceros por entre las rejas.)

Selim Salvemos a mi madre, que ya en vano
A la muerte convoca el miserable.

(Zafira se incorpora: entre todos la sostienen y parten por la brecha menos Noemí que conservará su posición hasta caer el telón.)

Acto quinto. El suicidio

El teatro representa la gran sala del palacio Real.

Escena I

Barbarroja

Yo me he perdido, sí, los pocos Turcos
Que a Isaac en las naves no siguieron
Por vivir en el lujo y la opulencia
Deben cobardes ser, o por lo menos
Degradados amantes del reposo,
Que por diez años ha que en torpe sueño
Gozan en la abundancia y los amores,
¿Qué ha sucedido del brillante séquito
Que pocas horas antes apiñado
Mi nombre victoreaban hasta el Cielo?
Apenas veinte encontré que osaran
Del entusiasmo conservar el resto.
Con que cantaron mis gloriosos triunfos.
¡Oh pasión criminal! ¿Por qué sendero
Derrumbas mi fortuna? ¿Dónde, dónde,
Podré ya dirigir la voz del pecho,
Clamando compasión si en todas partes
Con mi ambición un enemigo dejo...
Carlos, Carlos quinto, cuan de veras
Me hiere de tu brazo el golpe fiero.
Sí: ese Selim es obra de tu mente,
Ese Selim, que el Sol de tus imperios
A su sombra sus años alumbraron,
Me prueban por la fama el vasto ingenio
Que te influye el saber; al fin me vences
Con la secreta espada del talento.

Escena II

Dicho y Danmey

Danmey

Señor: ¿qué hacéis aquí?
Ya el horizonte
Arrebolado está con los destellos
Del día que va a ser; si amaneciera
Os perderéis del todo sin remedio,
Ya Zafira no es vuestra, y de su hijo
Cuáles son no sabemos los intentos;
Mas presumir debemos...

Barbarroja

La venganza
Debe guiar sin duda su ardimiento...

Danmey

Amparaos de la sombra que aún domina
Y el palacio dejad.

Barbarroja

Sí, ya te entiendo.
Danmey, ya te entiendo: débil, cobarde,
Crees que deba abandonar el puesto
Y no afrontar la muerte como un héroe
Que en todo el orbe conocer se ha hecho?
Preguntad desde España, hasta el Mar rojo,
Desde la antigua Francia, hasta el Mar
negro
Y a cuanto ocupa la extensión marina,
Si a Arruch Barbarroja conocieron:
Preguntadlo también a Salamina
A los gloriosos campos, que me vieron
Con mi nombre natal: diga Platea

Si de Jerusalén guardando el templo
Mi espada vio lucir.

Danmey ¡Pues luego sois!

Barbarroja De una ilustre familia, Caballero.
Francia me vio nacer, lejos estaba
Cuando a mis desgraciados compañeros
Por presuntos motivos perseguían,
Llegando su desgracia hasta el extremo,
Entonces renegando me hice turco,
Y pues no hallaron en el mundo aquéllos
Compasión ni piedad, al mundo todo
La guerra declaré, y en el imperio
Del mar, la asolación sembré, en sus nombres
Mauritania tenía un trono excelso,
Y en ella vi la cuna en que debiera
Levantarse ante el Sol unos renuevos,
Que bien pronto la tierra cundirían.
¿Me conocéis ahora?

(Le da la mano.)

Danmey Sí; ya entiendo.

Barbarroja Juzgad de mis acciones como os plazca,
Yo di muerte a
Selim: a su hijo espero.

Danmey (Aparte.) Si le abandono, se aventura todo.
Mas ¿no será mejor que con los vuestros
(Representa.) A combatir de nuevo por el campo

Hagáis con la fortuna nuevo esfuerzo?
¿Qué lograréis aquí siendo estrechado
Por las picas y alfanjes del mancebo?
Morir como un león pero sin fruto.

Barbarroja

Sí: dices muy bien: algunos buenos
Habrá entre los míos que me sigan;
Y podré en campo libre, de mi acero
El impulso probar, que aún tengo vida

Danmey

Estas voces colmaron mis deseos.

Los dos se asen de la mano y parten con prontitud por el fondo, mas a llegar a la salida se oye un gran murmullo: retroceden con ímpetu a cuyo tiempo entra Selim en medio de Zafira y Colija magníficamente, vestidos, seguido de capitanes Españoles en bastante número y escolta de Árabes que ocuparán ambos extremos laterales del teatro: Danmey y Barbarroja ocupará uno la izquierda y otro la derecha pues se irán separando, desde el momento del retroceso habrá un pequeño intervalo de silencio en que se miran todos con ceño, manifestando las violentas pasiones que los agitan, lo cual hará que brille en esta escena muda el magnífico cuadro que debe resultar. Zafira y Colija asidas de las manos de Selim manifestarán que lo contienen y éste en actitud de dar un paso.

Escena III

Los mismos, Selim, Zafira, Colifa y acompañamiento según la nota.

Selim

¿Pérfido... fementido...? En Mauritania
Bajo el regio dintel y un mismo techo
Nos volvemos a ver? ¡Oh rabia! y vives?

Contener mi furor apenas puedo
¿Qué funesta deidad habitadora
De las concavidades del infierno
Te arrojó para siempre entre mis manos?

Barbarroja

El Destino, sí: el destino más cruento
Que nunca coronó desgracia alguna
Es la deidad; mas ya nos conocemos,
Y un abismo tenébrico insondable,
De odio y de rencor deja por medio
La furiosa ocasión que nos afronta.
Vivir ninguno de los dos podemos.
Con carga tan fatal, así la muerte
Entre tu nombre y yo corriendo un velo,
De eterna noche y sepulcral olvido
Podrá apagar tan deplorable incendio:
Llega: y hiere, que mi vida es tuya

Selim

Nunca Selim empañará su acero
En hombre desarmado ni vencido,
Ni los turcos dirán de mí que ciego

Te asesiné en palacio, cuando eras
Digno de compasión... parte al momento,
Y al frente de los tuyos en la plaza
Que tu triunfo admiró, te cito y reto,
A duelo singular.

(Le arroja un guante.)

Zafira

¡Selim!

Colifa

¡Príncipe!

Dalí Yo admiro tu valor, mas ese duelo
En nombre de la patria y tus virtudes
Fuerza será que todos estorbemos.
Tu heroísmo, guardad, para otros días;
Pues las manos que un crimen cometieron
No debe tanto honor favorecerlas.

(Dalí levanta el guante y Barbarroja se lo arrebata con el verso siguiente, a cuya acción los parciales de Dalí le acometen, pero él se pone en defensa con su alfanje y Selim se interpone para contenerlos.)

Barbarroja No abuses de mi bárbaro tormento.
Selim: he aquí tu guante, ya en mis manos.

Selim Sí, nada hay más que decir, te entiendo:
Partir.

Dalí ¡Muera el tirano!

Todos ¡Que muera!!!

Selim ¡Dalí! refrenaréis ese ardimiento
Para cuando la patria necesite
Que hagáis uso de él: yo solo debo
Satisfacción tomar a Barbarroja
Y ¡ay! de aquel que so cualquier pretexto
Ose parte tomar... idos... seguidle

(A Barbarroja y a Danmey.)

Tú Danmey.

Dalí Pues yo príncipe no apruebo...

Selim Oídme antes de juzgar mis obras.
Barbarroja en mi padre se hizo reo,
Por una cruel pasión arrebatado,
A quien no pudo él mismo poner freno,
Como hombre al fin; pero la patria
Siete triunfos contó bajo su cetro;
Boyando entre riquezas y abundancias:
Así no es ya mi causa la del pueblo,
Porque el pueblo es el alma de la patria
Y él la supo adornar con sus trofeos:
Mía es toda la acción que libre queda,
Mío el honor que en el palenque anhelo.

Zafira ¿Pero quién vio tan desigual combate?
Tu inerme juventud: ese guerrero,
Asombro de las armas que en el campo,
Es el primer valor de nuestros tiempos.

Selim El que hizo volar toda una torre
Hollando sobre el polvo sus cimientos,
Y arranear de las garras de la muerte
Dos víctimas; quizás si combatiendo,
El honor y la sombra de su padre
A su brazo dará divino aliento;
Mas mientras al gran Dios gracias tributo
Por nuestra vida y el feliz suceso,
A vuestro cuarto retiraos tranquila
Y el orden de los hados esperemos.

Zafira Mi adorado Selim, hijo querido.

Yo no sé qué fatal presentimiento
Destruye mi esperanza.

(Vanse Colifa y Zafira.)

Escena V

Dichos menos Zafira y Colifa

Selim — O bien mañana
De una perpetua paz disfrutaremos,
Y tú noble Dalí, marchar al frente
Seguido de tus bravos compañeros
Y la línea trazar del ancho circo;
Mas cuidad que un imprudente celo
Mi enojo excitará.

Dalí — Los cielos quieran
Que fallen los presagios de mi pecho.

(Parte Dalí con la nobleza Árabe y un Capitán Español le sigue.)

Escena VI

Selim y nobles cristianos

Un capitán — Nuestra jornada príncipe cumplimos
Y a España regresarnos deberemos.

Selim — No amigos de mi gloria, a mi fortuna
Aún resta de la acción el complemento:
Me veréis combatir; mas sea cual fuere
El grande resultado de este duelo,

Al César llevaréis noticia plena.
Id también a ocupar un primer puesto
Do la lidia ha de ser; mas pueda antes
Que el filo matador rompa mi pecho
A todos abrazar... sí: recibidme
Como un cristiano oculto y compañero

(Le abraza y luego a los demás.)

Yo al Marqués de Comares, digno jefe
De la plaza de Oran tal gracia debo,
Y de Don Carlos quinto protegido
Hoy las cenizas de mi padre veo.

(Parten todos menos Selim.)

Escena VII

Selim y luego Zafira y Colifa

Selim ¡Salve morada augusta y dolor osa
Del valiente Selim: ¡Oh padre tierno!
Donde quiera tu sombra veneranda
Parece detener mi paso incierto
Aquí, por la postrera vez le he visto.
Cuando en mi frente del amor paterno
Dulce beso imprimió, caricia santa,
Que me robó con taciturno ceño
La garra inexorable del destino;
Y por allí partió... triste me acuerdo,
Que aquí mis años infantiles iban
Al ruido de las armas floreciendo;
Pero ¡ay! fortuna bárbara y terrible,

De tu inconstancia el espantoso vuelo
Me arrebató los venturosos días,
Y arrastrando mi infancia al hondo seno
Del infortunio y la orfandad más triste
Mi alma no probó sino tormentos;
Pero hoy fortuna tu rigor provoca
Este audaz corazón en su despecho
Yo triunfaré de ti o halle mi vida
De tu severidad todo el misterio.

(Salen Zafira y Colifa.)

Zafira

Oye Selim: en nombre y por los manes
De tu padre, y mis lágrimas te ruego,
Y aún rogamos las dos, que ese combate
Se permute en la acción de tus derechos.
Barbarroja, homicida ya ha probado
Ser más digno sin duda del severo
Castigo que las leyes prefijaron
Para ejercer su imperio en tales reos,
Obrad pues como Rey, usando de ellas
Y aleja de ese honor caballeresco
El voraz fanatismo y entusiasmo
Que en los nobles cristianos puso el sello
De inauditas desgracias: un malvado
En herir corazones, alto, diestro
Puede al más poderoso y justo hombre
Con mano indigna atravesar el pecho,
Poner en tu lugar a Barbarroja
Y ver si te honraría en noble duelo.

Selim

¿Y soy él por ventura? Mi palabra
No puede ya excusarme del empeño.

Zafira Sí puede, sí, la ley te favorece,
Tu dignidad te colma de derechos.

(Suena una trompeta.)

Selim ¿Oísteis madre? La señal es ésa,
Aun cuando yo quisiera, ya no puedo
El combate rehusar.

Zafira ¡Oh imprudencia!

Selim La conozco; mas quién de aquel momento
Pudiera responder, ni mis acciones,
De una entera razón dirá que fueron.

Zafira Pues bien si has obrado irreflexivo.
Si te lo ruego yo, ¿No queda tiempo?...

Escena VIII

Selim titubea insinuándose hacia su madre. Entra Dalí acompañado de los Caballeros cristianos.

Dalí Ya con harto pesar os participo
Que vuestro adversario está en el cerco;
Monta un alto tordillo enjaezado
De galanos y ricos aderezos,
Gruesa lanza y alfanje damasquino.

Selim No consiste el vencer en tanto arreo
Dalí, éste solo me basta y mi caballo

(Señalando el alfanje.)

Madre mía quiera benigno el cielo
Que en esta mano que estrechando estoy
Vuelva a imprimir de la victoria el beso.

(Parten.)

Escena IX

Zafira y Colifa

Zafira

Y desoyes ingrato mis gemidos,
¡Ay! yo no sé qué amargo sentimiento
Se apodera de mí: ya nunca, nunca
Le volveré yo a ver: tu hijo es muerto
Me dice el corazón en sus latidos...
¿Para qué le di a luz, hados tremendos?

Colifa

El Sol aún baña la pomposa cima
Del encumbrado monte, y desde el Cielo,
Parece se detiene en su carrera,
Como un heraldo que ante el ser supremo
Llevará los debates de este día.

Zafira

Vamos Colifa, sígueme, que quiero
De esa sangrienta lucha ser testigo,
Quiero verle morir.

Colifa

No te aconsejo
Tan violento atentado, tu presencia
Conturbaría de Selim el pecho,
Que pendiente tal vez de tu semblante

Al ver tus ojos lágrimas vertiendo
El sentimiento natural que a un hijo
Rinde el impulso del amor materno,
Su atención cautivara, y este acaso
¡Qué terrible sería y qué funesto
En hora tan menguada! Mas quién llega?
Isaac...

Zafira ¡Isaac!

Escena X

Dichas e Isaac que entra con pasos desconcertados y mirando con sobresalto por todos lados habla con agitación.

Isaac Quiero cumplirte
La palabra que di, un solo instante
De dilación aquí podrá perdernos.
sígueme pues, en la inmediata costa
Cerca de tierra mi galera tengo,
Y en tu busca he venido.

Zafira Mal llegaste:
Pero ha sido ilusión o vano ensueño
¿No te he visto esta noche en este sitio
Graves imprecaciones profiriendo?

Isaac Todo fue realidad, ante mi hermano
Y sus viles falaces consejeros,
El grito levantaba en tu defensa:
Pero solo abogar tales derechos
Fue bastante motivo para hacerme
Parecer un traidor de astucia lleno;

(Se dejará ver a Danmey que entra por el frente y atraviesa el teatro ocultándose, para oír, hacia la derecha del espectador, y al partir Isaac sale en su seguimiento.)

Entonces detestando su conducta
Quiero huir de los crímenes, me alejo
Para más no volver, mi fuerte flota
Surcaba anoche la región marina,
Pero tu imagen siempre en mi presencia
Por donde quiera entre peligros veo,
Sostenida en las dulces esperanzas
Que mis promesas concebir te hicieron,
Otra arrastrada a tu pesar te he visto
En la mezquita con un sí tremendo
Profanando el divino santuario
Ante la misma vista del eterno.
Entonces olvidándome de todo
Cuanto me pone de morir a riesgo
Torno en busca de ti, piso la arena
Y por fortuna arrebatarte puedo.

Zafira

No Isaac que Selim y Barbarroja,
Van a estrecharse en un sangriento duelo,
Tal vez el mismo cielo, aquí te envía,
Para poner a tanto mal remedio.
Vuela a esa plaza fúnebre teatro
Del atroz sacrificio, y a despecho
De ambos combatientes: no permitas
Que verifiquen el feroz encuentro,
Y sálvame esa vida tierna y cara
Único bien que en mi amargura tengo.

Isaac — Si en tiempo oportuno allá llegare
Salvo a Selim verás, te lo prometo.

(Parte.)

Escena XI

Zafira (Postrada.) — ¡Oh mi Dios! que velado en alta gloria
Pisas la cumbre del excelso cielo,
Si en ti a quien volando mis clamores
Llevan de mi existencia los tormentos
No encuentro fin al padecer que gimo,
¿Dónde pues lo hallaría, oh padre eterno?
Y tú gran Sol, en cuya llama adoro
Al sapiente hacedor del universo,
Mientras te busco por la ardiente esfera
Para admirar en ti al Ser supremo,
¿Permitirás que en sanguinarios coros
Te ofrezca un holocausto nuestro suelo,
Por la salud y paz del mundo todo?
¡Oh Sol! oh Sol! Si ante el primer destello
En la playa, en el bosque, en la cabaña,
Postrados a la vez juntos nos vemos
Saludando benéficos tu numen,
¿Será posible que a mi fiel deseo
Tan laudable placer negado sea?
¡Mas qué súbito ruido!... toda tiemblo...

(Al llegar aquí se oye confuso bullicio lejano, suena el clarín del campo, Zafira se sorprende poniéndose de pie. Colija acude a la ventana que mira a la plaza y retrocede dando un doloroso grito.)

Colifa ¡Ay Zafira...! Zafira...!

Zafira ¿Qué...! responde...

Colifa Selim y su caballo por el suelo!!!
De Barbarroja el brazo levantado!!!
Ya no pude ver más. Selim ha muerto.

Zafira Y ya aquí qué me resta, hado terrible!!!
Cumplióse del oráculo funesto
La fatal predicción que a mí tan sola
Parece perdonara con intento,
De que apure gimiente hasta las heces
La copa del dolor.

Colifa ¡Mas que remedio
Si decretado estaba que así fuese!
Soportemos amiga con esfuerzo
De la fatalidad tan duro golpe:
Tu mal es grande lo conozco y siento
Del mismo modo que sentirlo debes,
Pero ofrece tus lágrimas al cielo
Que tal vez en tu rostro derramadas...

(Zafira parte con celeridad por donde todos fueron y antes de llegar, entra Danmey con un turbante y un manto ensangrentado, y lo arroja delante de Zafira la que retrocede asombrada.)

Danmey He aquí de tus obras los efectos,

(Le arroja el turbante y el manto.)

Ya es todo sangre, asolación y muerte.

(Vase.)

Zafira

Se acabó para mí, mundo severo
Cuanto pudo a la vida encadenarme
¡Conque no queda a mi sufrir consuelo!
¡Conque son esos míseros despojos
De aquel Selim que idolatraba ¡Cielos!
¿Dónde, dónde está vuestra clemencia
Para el contrito y agitado pecho,
Que a ti angustiado su esperanza eleva?
Pero ¡ay! mísera, yo, ¿por quién espero?

(Agitada.)

¿He de tornar a ver de ese inhumano,
La faz terrible, y el airado ceño
Decidme sin piedad torna a ser mía.
No jamás, pisaré tan triste extremo.
Oye Colifa mía, en este sitio,
Por la tierna amistad que te profeso
Espera al matador de los Selimes;
Y cuando llegue de su corte en medio
A Zafira buscando en torno suyo,
Llena de Árabe ardor tu noble pecho,
Y en mi nombre profiere cuanto pueda
De execración llenarle; y al momento
Vuela y búscame... allí.

(Señala donde ha de partir.)

Colifa

Y tú ¿qué intentas?

Zafira

Confundir su ambición, bajo un proyecto.

Escena XII

Dicha y luego Muftí

Colifa — Desgraciada Zafira: en qué mal hora
Entrelazó tu mano el himeneo.
¡Oh! qué caro te cuesta haber nacido
De alta belleza y de virtud ejemplo.

(Entra Muftí y soldados.)

Muftí — Aquí están: recoged esos despojos,
Y unirles luego al malogrado cuerpo
Del virtuoso Isaac, y a los satélites
De ese inicuo Danmey, juntos busquemos.
Y vos sabed, ese feroz ministro,
(A Colifa.) Es un monstruo de horror cuyos consejos,
Nos envuelve en la sangre que este día
Se ha visto derramar.

(Al tiempo de partir se oye una música marcial: los soldados recogen todo y parten.)

Colifa — ¡Qué misterio!

(Asomándose agitada.)

La sombra de Selim se asoma y mira,
En triunfo la virtud y el sufrimiento.
¡Oh qué placer y qué feliz nueva!
Dulce amiga, Zafira respiremos.

(Este último verso lo dirá alzando la voz y partiendo de carrera. La música se habrá aproximado. Entran ambas noblezas de Árabes y caballeros cristianos, y Selim el último en medio de ellos y entre dos de los cristianos trayendo el alfanje desnudo. Detrás viene Noemí con la cabeza de Barbarroja y el instrumento que tomó en la prisión arrojada por el verdugo.)

Selim

Ya lavé de mi madre las injurias.
Tres veces hasta el puño de mi acero
La indignación probó, y padre, trono
Madre, honor y pueblo a un tiempo
Satisfacción legítima reciben.
Ahora si puedo del amor materno...
¿Dónde mi madre está...? Si por desgracia...
¡Cuánta funesta adversidad sospecho!
Colifa... nadie me oye... amigos míos...

(A los Caballeros Españoles que parten por donde Colifa en busca de Zafira.)

Id por piedad... si alguno... me estremezco!
Cuando mi nombre en populoso canto
Con los víctores vuela al universo
¡Solo enmudece de mi madre el labio!...
¿Qué presagio mortal, fúnebre velo
Entre el placer y yo súbito corre?

Capitán

Por vía de amistad dadme ese acero.

(Tornan los que fueron en busca de Zafira.)

Selim

¿Por qué?... hablad... qué angustia... qué reserva

Dejádmela buscar... hablarla debo...
Contadla mis trabajos, mis proezas
Y abrazando su pecho con mi pecho...
(Sale Colifa.) Colifa, ¿qué es de mi madre?

Colifa (Con extremo dolor.) ¡No existe!!!
¡Víctima ha sido de un atroz veneno
Que por su alma derramó ella misma!
¡Zafira... Zafira...!

Selim (Arroja la espada.) ¡Qué destino! ¡qué tormento!!!
¡Oh madre infeliz y desgraciada!
¡Madre! ¡madre! dejadme, que su seno
Riegue ya con mis lágrimas ardientes
Por la postrera vez, o por consuelo.
Ya no más la veré: suerte inhumana!
¡Por qué no me mató tirano acero
Miserable de mí! ¿Por qué llegaron
Las dulces horas que nacer me vieron!
¡Fortuna cruel que con mi suerte juegas
Nunca, de paz mis ojos vieron
Una serie feliz, siempre infortunios
Vicisitudes tristes, fin funesto,
Mi borrascosa vida señalaron!

Dalí
Soporta, amigo, el abismóse peso
Con que el destino prueba tu constancia,
Pues correspondes a los grandes Genios.

Selim
Dejadme lamentar, que al fin soy hombre,
Y a los sensibles seres pertenezco.
Hijos de Mauritania... a Dios... ya brilla
De vuestra libertad del lauro eterno.

Yo mi pena labré y vuestra ventura
A un tiempo mismo... a esa madre os dejo,
Llenad vuestros deberes como amigos,
Que ya no quiero un trono ensangrentado
Con las preciosas vidas de mis deudos.

Libros a la carta

A la carta es un servicio especializado para
empresas,
librerías,
bibliotecas,
editoriales
y centros de enseñanza;
y permite confeccionar libros que, por su formato y concepción, sirven a los propósitos más específicos de estas instituciones.

Las empresas nos encargan ediciones personalizadas para marketing editorial o para regalos institucionales. Y los interesados solicitan, a título personal, ediciones antiguas, o no disponibles en el mercado; y las acompañan con notas y comentarios críticos.

Las ediciones tienen como apoyo un libro de estilo con todo tipo de referencias sobre los criterios de tratamiento tipográfico aplicados a nuestros libros que puede ser consultado en Linkgua-ediciones.com.

Linkgua edita por encargo diferentes versiones de una misma obra con distintos tratamientos ortotipográficos (actualizaciones de carácter divulgativo de un clásico, o versiones estrictamente fieles a la edición original de referencia).

Este servicio de ediciones a la carta le permitirá, si usted se dedica a la enseñanza, tener una forma de hacer pública su interpretación de un texto y, sobre una versión digitalizada «base», usted podrá introducir interpretaciones del texto fuente. Es un tópico que los profesores denuncien en clase los desmanes de una edición, o vayan comentando errores de interpretación de un texto y esta es una solución útil a esa necesidad del mundo académico.

Asimismo publicamos de manera sistemática, en un mismo catálogo, tesis doctorales y actas de congresos académicos, que son distribuidas a través de nuestra Web.

El servicio de «libros a la carta» funciona de dos formas.

1. Tenemos un fondo de libros digitalizados que usted puede personalizar en tiradas de al menos cinco ejemplares. Estas personalizaciones pueden ser de todo tipo: añadir notas de clase para uso de un grupo de estudiantes, introducir logos corporativos para uso con fines de marketing empresarial, etc. etc.

2. Buscamos libros descatalogados de otras editoriales y los reeditamos en tiradas cortas a petición de un cliente.

www.ingramcontent.com/pod-product-compliance
Lightning Source LLC
LaVergne TN
LVHW101923220826
846093LV00009B/355

* 9 7 8 8 4 9 0 0 7 0 5 3 6 *